幼儿园环境创设资源库

【图解】幼儿园班级主题环境创设（中班）

编写委员会

主编

李 俐

编委

| 李 俐 | 刘 艳 | 蒋丽琴 | 蒋丽芬 | 吕 颖 | 祝晓燕 |
| 张皎红 | 熊晓韵 | 章春芳 | 王 唯 | 丁玲玉 | 秦 璞 |

编写者

| 刘 芸 | 钱佳英 | 方 芳 | 都莉颖 | 张 燕 | 任玲敏 |
| 顾建英 | 沈 樱 | 曹梦娴 | 秦雁芳 | 张 洁 | 王晞霏 |

审稿

张皎红　王巧连

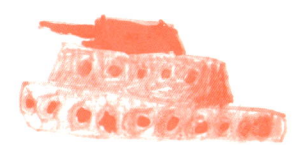

[图解]
幼儿园班级主题环境创设 中班

李俐 主编

南京师范大学出版社

图书在版编目（CIP）数据

图解:幼儿园班级主题环境创设.中班/李俐主编.—南京:南京师范大学出版社,2016.12
（幼儿园环境创设资源库）
ISBN 978-7-5651-2513-3

Ⅰ.①图… Ⅱ.①李… Ⅲ.①幼儿园—班级—学校管理—图解 Ⅳ.①G617-64

中国版本图书馆CIP数据核字(2015)第317910号

书　　名	图解：幼儿园班级主题环境创设（中班）
主　　编	李　俐
丛书策划	魏　丽　张泽芳
责任编辑	官军燕
出版发行	南京师范大学出版社
地　　址	江苏省南京市宁海路122号（邮编：210097）
电　　话	（025）83598919（总编办）　83598412（营销部）　83598297（邮购部）
网　　址	http://www.njnup.com
电子信箱	nspzbb@163.com
印　　刷	江苏扬中印刷有限公司
开　　本	889毫米×1194毫米　　1/16
印　　张	9.5
字　　数	201千
版　　次	2016年12月第1版　2016年12月第1次印刷
书　　号	ISBN 978-7-5651-2513-3
定　　价	50.00元
出 版 人	彭志斌

南京师大版图书若有印装问题请与销售商调换
版权所有　　侵犯必究

前言

和孩子一起在环境中学习

写在《图解：幼儿园班级主题环境创设》出版之际

环境对学前儿童的学习和发展所具有的重要影响不容置疑，已成为世界早期教育工作者的普遍共识。优质的环境，是幼儿园为学前儿童提供的、促进其获得最佳发展的途径，建构有效的环境是贯穿幼儿园课程实施始终的重要手段，更是展现教师课程意识与专业智慧的显著载体。《图解：幼儿园班级主题环境创设》以顺应幼儿学习与发展的特点与需要为出发点，以建构、促进幼儿与环境的积极互动为重点，聚焦班级这一课程实践的空间场域，选择广大幼儿教师耳熟能详的主题课程实践样态，以环境创设的行进思路与资源组合呈现幼儿园课程实施的基本脉络与活动要素，以此展现教师对不同年龄阶段幼儿学习方式的理解与回应。本套丛书是我们继2013年推出《幼儿园主题环境创意新设计》之后又一套幼儿园课程资源丛书，两套丛书在教育理念与实践方略上一脉相承，但在表达的方式和结构上却有了明显的不同，我们希望通过这些变化进一步凸现基于幼儿生命成长需要的学习环境建构对提升幼儿园课程建设质量与效率的意义。通过本套丛书，我们特别想与大家分享以下10条"和孩子一起在环境中学习"的实践体验与感悟。

1.坚持不懈地向幼儿学习。 学习用幼儿的视角观察世界，尝试用幼儿的语言描述世界，坚持幼儿发展优先的原则，充分关注幼儿的学习动机与态度，充分尊重幼儿的学习需要与方式，充分重视幼儿的学习过程与成效，自觉完善自身的儿童观，在努力亲近、鼓励和张扬儿童文化的实际行动中坚定儿童立场，让班级环境散发浓浓的儿童味。

2.倡导生活化的教育理念。 善于在生活中发现幼儿学习的意趣，在幼儿主观能动趋向与教育价值之间寻找契合点，将体现幼儿年龄特点的核心经验自然隐含在主题的演绎与环境的建构中，用贴近幼儿生活的视角营造亲切悦纳的活动空间，呈现丰富多彩的活动资源，提供自主选择的活动机会，让班级环境富有生活的感觉和持续的吸引力。

3.将游戏精神全面渗透到班级环境创设中。 游戏是幼儿最自然的学习方式，游戏是幼儿建构经验的手段。每个幼儿心中都住着一个神奇的游戏精灵，好玩的环境会唤醒他们内心的游戏精灵，在自由、自主、愉悦、创造的情态下，幼儿的学习过程更加生动、丰富、有趣、有效，他们主动学习的潜力常常超出教师的想象。课程游戏化能更好地适应幼儿个性化学习的需要，让班级环境释放激活发展的张力。

4. 班级空间规划必须因地制宜，整体规划。 主题环境创设是一个不断生长的过程，要根据班级实际空间的物理属性和主题活动开展的需要合理安排空间架构，活动环境必须是安全的、便利的、具有伸展余地的，要恰当处理好显性与隐性、立体与平面、整体与局部、固定与机动等关系，增进相关活动区域之间的有机联系，从而最大限度地发挥空间的实用价值，不断提高班级环境对幼儿多维度施加的教育影响。

5. 帮助幼儿建立秩序感很有必要。 秩序感是帮助幼儿与环境建立积极互动的基础条件，幼儿秩序感的建立主要包括空间秩序、活动秩序与人际秩序，具体由幼儿对班级空间设置与材料呈现的熟悉程度，不同空间基本活动规则的了解与执行情况，幼儿与教师、同伴之间的互动关系等内容构成。幼儿对班级环境要素的熟悉度、敏感性、掌控力与秩序感密切相关。

6. 提升幼儿的参与感很重要。 参与感是衡量班级环境对幼儿学习与发展适切度的基本指标。实践证明：有准备的、有吸引力的环境，更有利于引发幼儿主动学习的兴趣与热情；能胜任的环境，更容易让幼儿获得接纳感；有共鸣的、有变化的环境更有利于幼儿获得满足感。幼儿对班级环境创设的参与感表现为幼儿对环境的喜欢、对角色的归属、对活动的投入等。

7. 让幼儿拥有成就感更加有意义。 成就感是衡量班级环境对幼儿学习与发展贡献度的重要指标。幼儿的成就感主要来源于自己在有挑战的环境中通过努力独立完成任务；在合作中自己的行动获得同伴的欣赏；自己的作品得到大家的喜爱和教师的称赞等。因而，积极的自我评价和适度的挑战能让幼儿享受更多发现学习的乐趣，获得更多创造学习的高峰体验。

8. 积极的期待、适宜的支持是教师的主要工作。 对于专注于环境与活动的幼儿而言，教师应成为热情的激励者，鼓励幼儿为实现自己的愿望而付出努力，对幼儿的行动抱有饱满的期待，信任幼儿是有能力的学习者；而对于面临困难和挫折的幼儿而言，教师则应成为细心的观察者，依据观察得来的信息，为幼儿主动探索提供适宜而有针对性的支持，帮助他们在学习中获得新收获。

9. 及时的分享、有效的互动是教师重要的指导策略。 分享与互动应该贯穿课程的始终，有主题的环境更有利于教师通过及时的分享提升幼儿互动学习的效率。教师可以根据主题课程实施的进程，梳理出幼儿集体学习或个体学习过程中有价值的经验，以结构化的方式呈现在环境中，以此为线索引发幼儿间、师幼间积极的互动交流。相对于有组织的集体互动，基于活动现场的小组与个别交流更具有针对性，效果更好。

10. 区角游戏材料为幼儿开放学习提供了有益的工具。 主题取向的班级环境创设从资源的汇集、材料的研发、活动的效益上所展现出的优势是显而易见的，与主题墙相关联的区角游戏材料的设计也以一定的结构性、新颖性、可变性成为环境中的亮点。但受环境创设与主题活动的相对应的影响，区角游戏材料在活动类型上难以均衡，低结构材料的数量还略显不足，需要进一步完善。

《图解：幼儿园班级主题环境创设》是运用生态学的观点和方法研究《3—6岁儿童学习与发展指南》的实践性成果，汇聚了一线骨干教师的教育智慧和实践经验。希望本套丛书能切合幼儿园课程实践的现实需要，为广大幼儿教师提供一些具有借鉴意义的幼儿园课程建设的可行路径与资源参考。让我们和孩子一起在环境中学习，让不断生长的环境见证我们共同的成长。

无锡市教育科学研究院　李俐

目录

主题一　我的好朋友 ·· 1

主题二　车来车往 ·· 24

主题三　我生病了 ·· 48

主题四　奇妙的信 ·· 69

主题五　养蚕记 ·· 101

主题六　奇妙的光影乐园 ······································ 121

主题一 我的好朋友

一、主题说明

　　进入中班以后，幼儿的社会性发展有了新的飞跃，他们更渴望与好朋友一起玩，希望自己的世界有更多的小伙伴加入。而好朋友关系对幼儿的成长，如社会性地位、心理调适、交往水平等都有着极大的影响。因此，中班主题活动"我的好朋友"就应运而生了。活动一方面顺应幼儿的发展需要，提供让幼儿主动关注、相互了解的机会，给予不同交往能力与水平的幼儿不同的支持，帮助幼儿在实践活动中提高交往能力、学习自己解决问题。另一方面也注重挖掘环境的价值，让幼儿在与环境、材料的互动中增进与同伴的交往，在动手动脑、尽情游戏的过程中体验快乐、积累经验，发展语言表达、空间思维、艺术表现等多方面能力。

二、空间规划

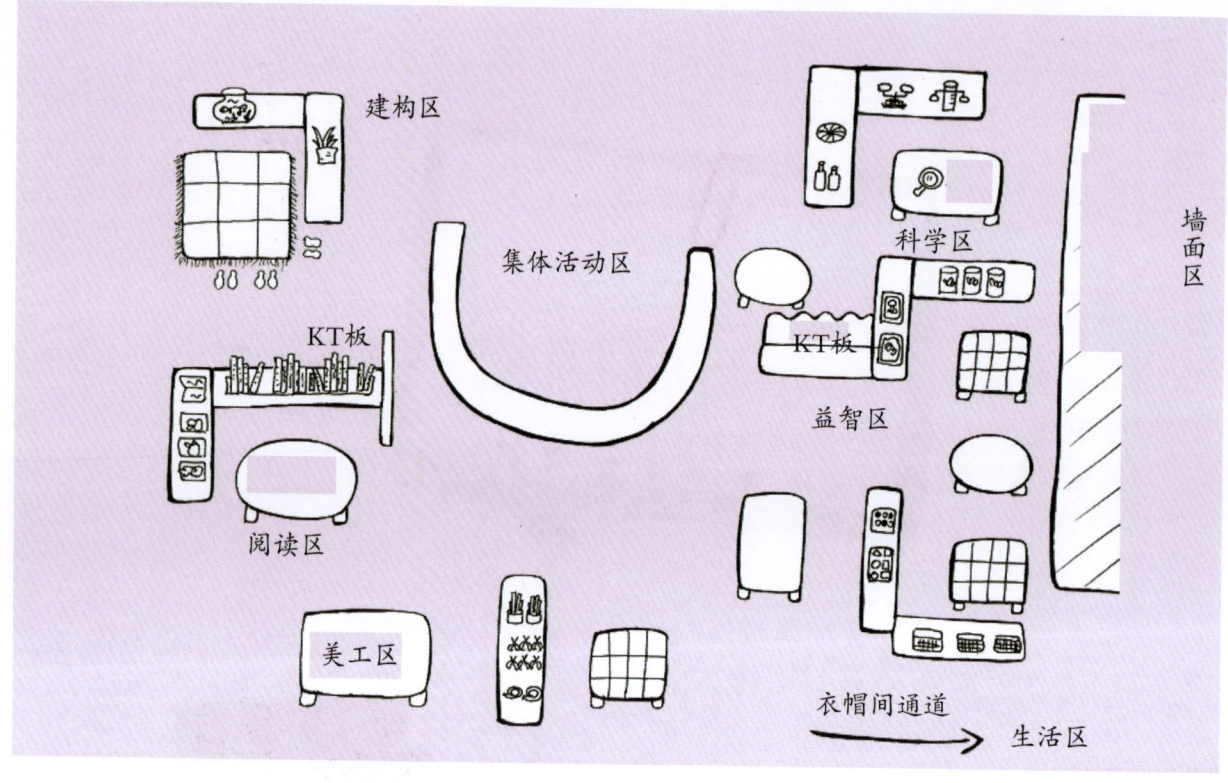

　　我班的活动室是比较规整的长方形，空间开阔，有相配套的衣帽间和盥洗室。原来的空间设置中集体活动区域占了很大比重，为了使环境更适合主题活动与区角游戏的开展，我们缩小了集体活动的区域，以柜子、KT板做间隔，将比较整体的环境划分为若干个半开放的小区域，让区域之间既有明显隔断、互不干扰，又相互连通，便于幼儿操作与教师观察。由于在主题"我的好朋友"系列活动中，幼儿与好朋友之间的游戏与互动较多，所以，在区角游戏中，即使是同一个区域，我们也尽量划分出小型操作空间，让幼儿能和好朋友面对面游戏，不受干扰。除此以外，为了尽可能地利用更多的空间，还设置了地垫区，适合幼儿进行地面建构、垒高游戏，并利用了衣帽间的空间，将生活区设置其中，让幼儿能够就近利用盥洗室里的水池，方便活动。在整个空间创设中，我们还关注到墙面环境与区角活动之间的互动。"好朋友"采访区就设置在墙面旁，让幼儿能一边观察墙上的图示一边调查记录。幼儿在区角中的作品，如"心愿袋""好朋友"写生画，也能随时展现在墙面中，让幼儿分享交流。各区角之间的KT板既是隔断，也是游戏材料，幼儿搬张小椅子就能面对隔板操作，也可以通过观察隔板上的图示自主学习。各区角在设置中还考虑到了动静分离，安静的科学与益智游戏区域相对集中在一侧，而需要交流的语言区则在另一边。

三、主题环境与课程活动

活动列表

主题环境	相关活动	区角游戏
主题环境一：我想知道好朋友的秘密	谈话活动：我想知道好朋友的秘密	阅读区：制作"好朋友的秘密"小书
主题环境二：我和你，好朋友	写生画：好朋友	益智区：找找我的好朋友
主题环境三：心愿袋	综合活动：朋友的心愿	益智区：好朋友看电影
主题环境四：好朋友游戏	体育活动：好朋友游戏 绘本阅读：《小老鼠和大老虎》 社会活动：和好朋友发生矛盾怎么办？	益智区：两人棋盘游戏 益智区：你说我做 益智区：小猫钓鱼
主题环境五：好朋友的家	美工活动：我的家 社会活动：交换名片	科学区：好朋友家离幼儿园有多远 美工区：我的名片 益智区：好朋友的电话号码
主题挂饰：好朋友，坐一起	美工活动：草莓挂饰 综合活动：好朋友游园会	
附：活动室游艺小方案	快乐加油站（点心吧，和好朋友共享食物） 幸运大转盘、观影区 筷子高手 盲人出行 拼图大PK 照相馆 运西瓜	

主题环境与课程活动脉络图

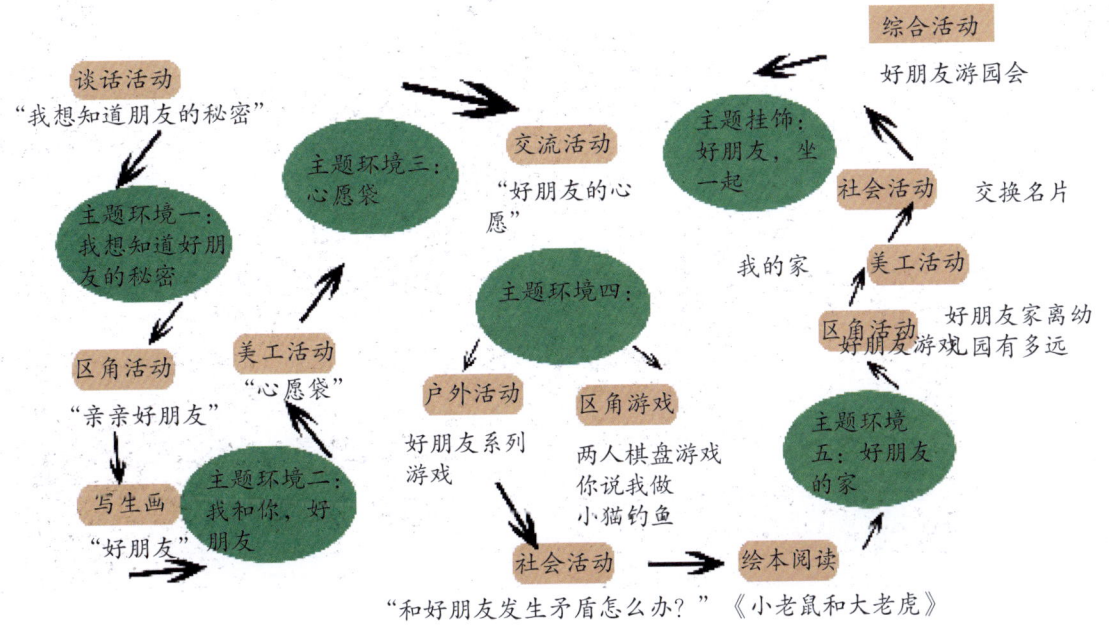

（一）环境解读

你喜欢好朋友吗？你想知道好朋友的什么秘密呢？从幼儿最感兴趣的问题入手，"我想知道好朋友的秘密"这一环境创设既展示了幼儿讨论活动的结果，也引导幼儿在接下来的采访好朋友活动中，学习看图示提问与记录，帮助幼儿学习图片式的采访记录法。黄色的小图示既醒目，取放又便利，还可以根据幼儿在活动中的想法随时增添新的"好朋友的秘密"。

主题环境一
我想知道好朋友的秘密

采访好朋友

（二）相关活动

讨论活动：我想知道好朋友的秘密

★活动目标

通过讨论与交流，学习采访好朋友，为采访记录做准备。

★活动建议

1.活动以问题"你了解自己的好朋友吗？你还想知道好朋友的什么秘密呢？"导入，教师引导幼儿讨论交流，说说自己想要了解好朋友哪些方面。

2.讨论：用什么标记来表示想要了解的好朋友的秘密？（比如好朋友喜欢吃什么，可以画一张嘴巴来表示等等）

3.讨论：怎样采访自己的好朋友？教师引导幼儿学习礼貌询问和有序记录。

"好朋友的秘密"采访小书

（三）区角游戏

制作"好朋友的秘密"小书

发展指向

1. 通过采访好朋友，进一步增进对好朋友的了解。
2. 学习用简单标志来记录采访内容，制作"好朋友的秘密"小书。

材料呈现

幼儿人手一本"好朋友的秘密"小书，小书封面上贴上小书名和想要采访的小伙伴的大头贴，水彩笔。

玩法介绍

1. 活动前，引导幼儿根据墙饰"我想知道好朋友的秘密"来回忆讨论的结果和采访的内容。
2. 采访中，引导幼儿在小书的上半部分记录问题（可根据墙饰进行），下半部分记录好朋友的秘密，如果无法用图案表示的，教师可以协助记录。

指导要点

1. 鼓励幼儿在采访中用自己的方式记录调查的内容，也可以提出自己想采访的新问题。
2. 将幼儿制作的小书放在阅读区内供幼儿自由阅读，鼓励制作小书的幼儿为阅读者解说。
3. 幼儿也可将小书带回家与家人分享，教师可用文字在幼儿的采访记录旁简单注解。

主题环境二
我和你，好朋友

（一）环境解读

仔细看看我的好朋友，画一画好朋友的样子。写生画活动中，孩子们自由结伴两两面对写生，最后用心形彩色纸把孩子们的作品两两呈现在主题墙面上，最大程度地保留了好朋友之间的关注与互动。同时，选用彩色镂空的心形图案点缀其中，让整个墙面更生动活泼，让块面的作品有了线条的灵动。

（二）相关活动

写生画：好朋友

★ 活动目标

1. 学习用线描写生的方式绘画自己的好朋友。
2. 通过细致观察，增进对好朋友的了解。

★ 活动建议

1. 活动前，可让幼儿说说自己的好朋友独特的地方，如发型、脸上的酒窝、眉毛、牙齿等等，引导幼儿把好朋友独特的地方画出来。
2. 绘画时，可将一对好朋友安排为面对面坐，以便幼儿边观察边绘画。
3. 作品展示时，可将一组好朋友的写生放在一起，亦可用大头贴代替名字的记录，让幼儿便于欣赏与交流。

（三）区角游戏

益智区：找找我的好朋友

发展指向

训练细致的观察力，会将好朋友的背影与头像配对，进一步增进对好朋友的了解。

材料呈现

游戏底板：大KT板一块，上面有班内幼儿的照片若干，每张照片必须是背影照，也可以是不易辨认的局部照片，每张照片旁配有小插袋。

幼儿大头贴若干，数量要大于底板上的照片。

玩法介绍

幼儿辨认游戏底板上每张照片上的小伙伴，将相应的大头贴插到照片旁的插袋中，让所有照片与大头贴都一一对应。

指导要点

此游戏的目的是为了增进对好朋友的了解，所以除了人物背影、局部照片外，也可以选取好朋友经常使用的小背包、喜欢的特殊玩具等图片让幼儿进行配对，让游戏更耐玩，让幼儿通过多种途径了解好朋友。

主题环境三 心愿袋

（一）环境解读

了解了好朋友之后，孩子们萌发了与好朋友一起游戏、一起活动的愿望。"心愿墙"给予了孩子们自由表达愿望的空间，让孩子们把心愿画在纸条上，插入折叠好的爱心里，让好朋友亲手打开，猜一猜自己的心愿。孩子们通过小小的墙面悄悄地与自己的好朋友互动交流。

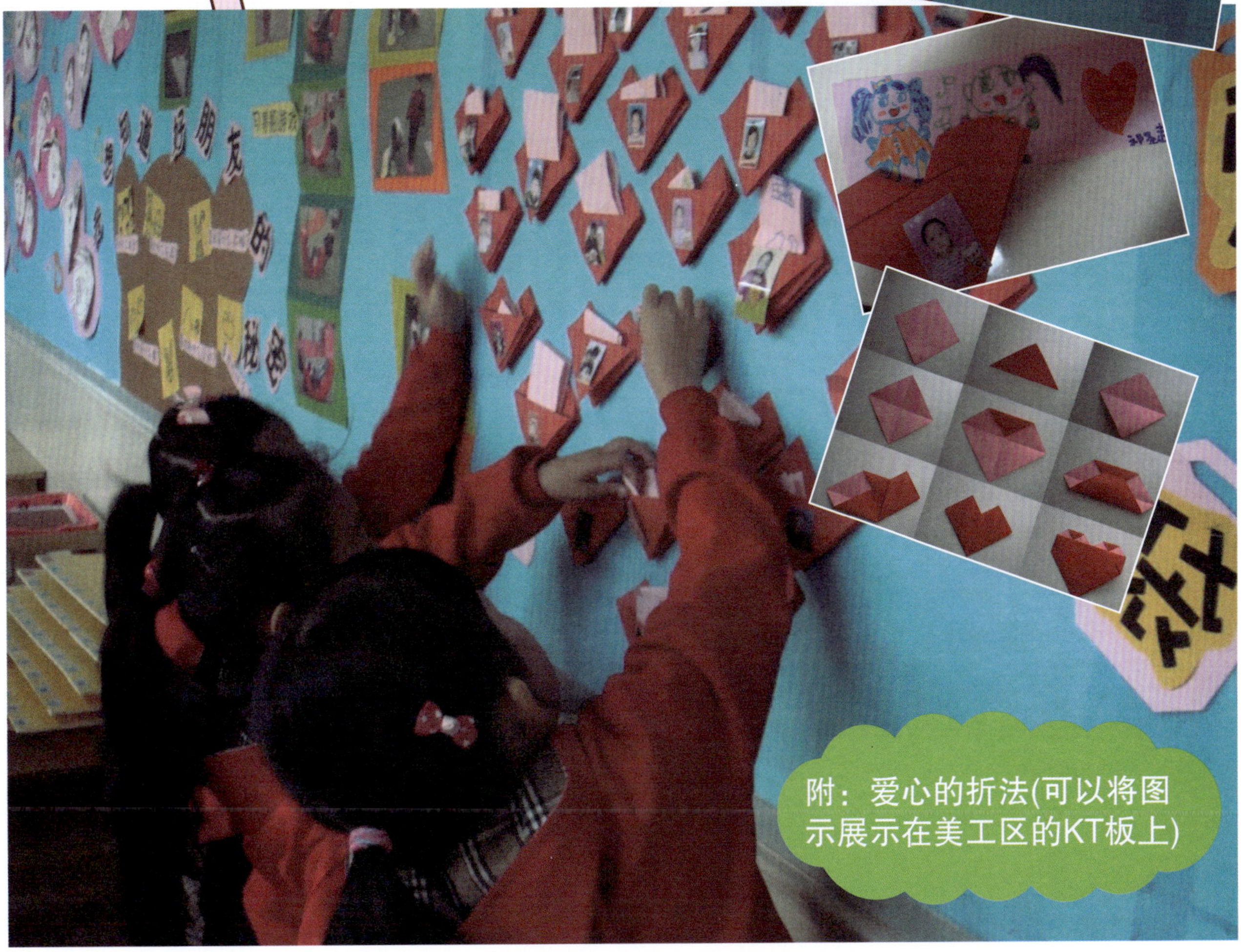

附：爱心的折法（可以将图示展示在美工区的KT板上）

（二）相关活动

综合活动：心愿袋

★ **活动目标**

通过制作心愿袋，向好朋友表达自己的希望与想法，增进与好朋友之间的交流。

★ **活动建议**

1. 此活动可进行集体活动，也可安排在区角活动中进行。

2. 活动前，让幼儿说说想对好朋友说什么？想和好朋友一起做什么？讨论用什么样的简单图案来表示自己的意思。

3. 教师示范折叠爱心的方法，也可提供图示放在区角中。

4. 将幼儿的作品展示在室内幼儿可以方便取放的地方，让幼儿可以随时看看好朋友的心愿袋。

5. 关注活动后的交流与分享，可以利用餐后或其他活动间隙让幼儿说说自己看到的心愿袋上好朋友的愿望，说说自己想怎样做。

（三）区角游戏

益智区：好朋友看电影

发展指向

巩固10以内的序数，辨识层与间的不同。

材料呈现

电影院：KT板多层叠加，做成电影院的阶梯状，每层上标示座位号。

"好朋友"人像：班内幼儿的大头贴固定在方块插塑玩具上。

座位号码簿：长方形彩纸边缘打洞连接成号码簿，每页彩纸做成插袋式，插袋内放幼儿大头贴和座位号码。

玩法介绍

幼儿根据电影院号码簿上对应的好朋友座位号，把贴有大头贴的插塑放在"电影院"相应的位置。

指导要点

幼儿玩过一段时间后，可将插袋内的大头贴和号码互换，以增加幼儿游戏的兴趣。

主题环境四 好朋友游戏

（一）环境解读

和好朋友一起还可以玩什么？"炒黄豆""踩石子过河"等好朋友游戏，把幼儿的游戏从室内延伸到室外，让幼儿有更多的机会一起玩。照片式的图示记录，清晰明了，能够让幼儿在日常活动中边看边学、自主游戏。为了与主题墙面中其他横向的环境创设有所区别，"好朋友游戏"采用了纵向的折叠式呈现方式，增强了主题墙面的延伸感、流畅感。

踩石子过河　猜拳跨步　月亮船游戏

（二）相关活动

体育活动：好朋友游戏

（猜拳跨步、运西瓜、月亮船游戏、炒黄豆、踩石子过河等）

★活动目标

通过与好朋友一起合作游戏，学习合作游戏的方法，增进情感，促进交往。

★活动建议

1.所选择的两人合作性游戏要适合中班幼儿的运动能力、合作能力，不宜过难。

2.游戏中，教师要关注幼儿之间的互动，引导幼儿交往与合作，尤其要加强对社会性发展较弱的幼儿的指导。

3.游戏后的交流很重要，可以让幼儿说说游戏中发生的事和自己的感受，鼓励幼儿和不同的好朋友一起游戏。

绘本阅读：《小老鼠和大老虎》

★活动目标

1.理解绘本内容，感受小老鼠与大老虎之间的友情。

2.懂得朋友间交往要互相谦让、互相理解的道理。

★活动建议

1.绘本前半段可在教师引导下阅读，了解故事发生的背景、人物、原因等等。后半段可让幼儿自主阅读，发展幼儿的阅读理解能力。

2.交流：小老鼠是怎样对大老虎说的？又是怎样做的？为什么它会说"我还是不想和你做朋友"？大老虎最后又是怎么做的？

3.讨论：你和朋友之间会发生矛盾吗？你是怎样做的呢？你觉得还有哪些好办法可以解决和好朋友发生的矛盾？

社会活动：和好朋友发生矛盾怎么办？

★活动目标

通过讨论与交流，学习用合适的方法解决和好朋友发生的矛盾，知道要好好商量，不发脾气。

★活动建议

1.教师关注幼儿在日常交往、好朋友合作游戏中发生的一些矛盾，用照片、录像等方式记录。

2.通过照片、录像等再现幼儿发生矛盾的典型场景，引导幼儿进行讨论。

3.社会活动要结合幼儿的实际活动，讲究时效性，所以此活动也可结合幼儿的生活、游戏等各个环节，突出活动的情境性、现场性，切勿单纯说教。

（三）区角游戏

益智区：两人棋盘游戏

发展指向

巩固10以内数量的点数，学习根据棋盘上的图示两人合作游戏，掌握游戏玩法。

材料呈现

棋盘：方形KT板一块，上面绘好棋格，棋格内按序放上数字（1-100），根据幼儿的能力，可将其中一些棋格的数字取走，增加游戏难度。棋格内放置小图示，如"停玩一次"、"再投一次"等等。

棋子：幼儿大头贴与方形插塑做成的棋子若干。

骰子一个

玩法介绍

两人轮流掷骰子，根据骰子上的点数从棋盘"1"处开始前进。如果走到有小图示的棋格处，则需按图示指示的规则游戏。游戏为竞赛类，谁的棋子先到终点则为赢家。

指导要点

1. 幼儿刚开始玩时，还没有完全掌握规则，教师要关注幼儿是否根据棋盘的小图示来游戏。如果幼儿点数能力弱，则应添加棋盘上的数字。

2. 幼儿两两合作游戏时发生的交往问题是教师需关注的另外一个重点。

益智区：你说我做

发展指向

发展空间对应能力，巩固10以内序数，学习听指令游戏。

材料呈现

游戏底板：长方形KT板两块，上面绘有格子，横列贴上数字标志，纵列贴颜色标志。

隔板：方形KT板一块，两边底端各用两块积木夹住固定，以保持直立。

游戏图片：2套，每套图片数量小于等于游戏底板空格数。可选用动物、植物或幼儿喜欢的动画形象。也可增加难度，加入数量，如5个苹果、6个香蕉等等。小图片塑封。

玩法介绍

两名幼儿面对而坐，一名幼儿发出指令，如"兔子放在红3格"，另一名幼儿按指令找出相应图片放在游戏底板相应位置。全部放完后，将隔板拿掉，互相检查是否放得正确，重新交换角色进行游戏。

指导要点

1. 根据幼儿能力水平及游戏进程逐步增加图片数量及难度，游戏刚开始时，图片从一个维度选择，游戏一段时间后，可增加图形、数量、颜色等多个维度。

2. 部分幼儿在玩游戏时会手忙脚乱，可建议其把小图片先一一排列理清楚，方便寻找，这也是培养幼儿做事有条理的一个途径。

益智区：小猫钓鱼

游戏名称

巩固10以内数字及数量的认知，发展敏锐的观察力，会与同伴合作按规则游戏。

发展指向

游戏底图：扑克牌在彩纸上按序排成长龙，用笔将其外轮廓勾画下来，做成游戏底图，装饰底图，画上小猫钓鱼的动画形象。

扑克牌：选取A~10的扑克牌20~40张，选取的张数需为双数。

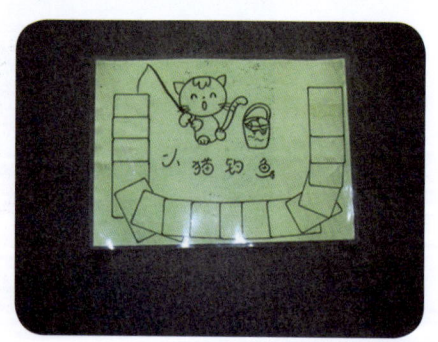

材料呈现

扑克牌打乱后平均分成两份，两名幼儿一人一份。两人轮流出牌，放在底图扑克牌的轮廓线上，当放上去的扑克牌在前面已经出现过时，出牌的幼儿可将两张相同牌面之间的所有扑克牌（包括两张相同的牌）取走，表示已经钓到"鱼"，然后继续轮流出牌，最后比较谁手里的牌多即获胜。

玩法介绍

1. 对扑克牌不熟悉的幼儿，刚开始游戏时，会难以发现出现了相同的牌，这时教师可提醒引导，也可减少扑克牌张数。

2. 幼儿游戏熟悉游戏后，还可提供记录单，记录每次钓到的"鱼"的数量，以统计最后钓到的"鱼"的总数。

主题环境五
好朋友的家

(一) 环境解读

"好朋友,到我家来玩吧!""好的,你的家住哪里呢?"活动中,幼儿自发产生了想要去好朋友家做客的愿望,于是,用废旧纸盒做成的"好朋友的家"主题环境就产生了。在废旧纸盒上,幼儿装饰了自己的家,还贴上了大头贴,教师也用文字标示了幼儿住址的名称。为了凸显幼儿的作品,整个环境用了深色的底纸来衬托,并配以马路、树丛等浅色场景,让整个画面生动可爱,富有生活气息。

主题墙饰"好朋友的家"打开了幼儿另一种交流的空间,让幼儿的交往从园内延伸到家庭中。活动中,幼儿动手做"自己的家",看看说说"好朋友的家",加深了对好朋友的了解,为到好朋友家做客做好了准备。

（二）相关活动

美工活动：我的家

★活动目标

学习用剪、画、贴等方式用纸盒制作"我的家"，会向好朋友介绍"我的家"。

★活动建议

1.此活动可以是集体的美工活动，也可以安排在美工区角进行。

2.活动前，幼儿要知晓自己的家庭住址、所在的小区。

3.活动中，鼓励幼儿大胆设计装饰"我的家"，可以提供彩纸，裁成纸盒大小，让幼儿张贴在纸盒上，使作品更美观，更易装饰。

4.要引导幼儿向好朋友介绍自己的家，鼓励幼儿与不同的好朋友进行互动。

社会活动：交换名片

★活动目标

在交换名片的过程中感受与同伴之间的交流，会用语言表达自己的感受。

★活动建议

1.此活动在幼儿制作完自己的名片后进行。

2.交换名片前引导幼儿讨论与朋友礼貌交往的方式：怎样才能有礼貌地得到好朋友的名片？如果你不想与朋友交换，怎么办？

3.活动中，教师要关注幼儿之间的交往，对于交往能力弱的幼儿，要适度给予指导。

4.交流：在交换名片中发生了什么事？你是怎样想的？又是怎样做的？引导幼儿分享在活动中的情感体验。

5.如果幼儿对活动依然很感兴趣，可以继续让幼儿制作名片再次进行交换。

（三）区角游戏

科学区：好朋友家离幼儿园有多远

▶ **发展指向**

学习使用各种常见材料进行路径测量，并相应记录，比较路径的长短。

▶ **材料呈现**

地图：大的KT板一块，板上标示路线，用插塑、大头贴做的"好朋友的家"4个和"幼儿园"1个，分别固定在路线图上，"幼儿园"居中，"好朋友的家"分散在四边。

测量工具：花片、回形针、方块插塑玩具若干。

记录表：纵列为"好朋友"头像，横列为不同测量工具，笔。

▶ **玩法介绍**

幼儿选用一种测量工具（如回形针）按路线一个接一个排列在某个从"好朋友的家"到"幼儿园"的路上，然后计数，记录在记录表相应位置。依此方法，测量完其他从"好朋友的家"到"幼儿园"的路径有多长，并比较哪条路最长，哪条路最短。

▶ **指导要点**

1.测量的正确方式：测量工具应该一个紧靠一个，不留空隙。

2.提醒幼儿用同种测量工具测量完所有从"好朋友的家"到"幼儿园"的距离后，再换其他测量工具。

美工区：制作名片

> 发展指向

运用剪、贴、画等多种方式制作自己的名片，会适当使用辅助材料。

> 材料呈现

彩纸：选用色卡纸，裁成大小不同的方形，以便幼儿造型。

工具：剪刀、双面胶、彩笔、压花器等。

辅助材料：皱纹纸、彩纸、电光纸等。

其他材料：幼儿自己的大头贴一张，预先准备的写有家里电话号码的纸条。

> 玩法介绍

选用色卡纸一张作为名片的底纸，可制作成不同的造型，如剪成心形、米老鼠头像形等，在名片上贴上自己的大头贴和电话号码纸条，然后用彩笔和辅助材料、工具进行装饰。

> 指导要点

1. 可为造型能力弱的幼儿提供各种造型模板，让幼儿通过在色卡上描绘模板来进行名片造型。
2. 有需求的幼儿可以多做几张名片，送给自己的好朋友。
3. 可提供多种辅助工具材料，如皱纹纸、压花器，彩色黏土等让幼儿自由选择，使作品更丰富。

益智区：好朋友的电话号码

> 发展指向

巩固10以内的数物对应，进一步加深对好朋友的了解。

> 材料呈现

"好朋友"电话本：用KT板做成电话外形，边缘打洞，串有用多张彩纸做成的号码簿。号码簿上方贴幼儿大头贴，下面贴8张小图片，小图片可选用10以内的实物卡、点卡、数卡，号码簿塑封（号码簿上的8个数字必须是大头贴上孩子家的电话号码）。

记录单：纵列是号码簿上幼儿的大头贴图像，横列为8个空格。

数字印章和印泥。

> 玩法介绍

幼儿根据号码簿上每页的8个小图片提示，依次用数字印章在记录单上印上好朋友的电话号码。

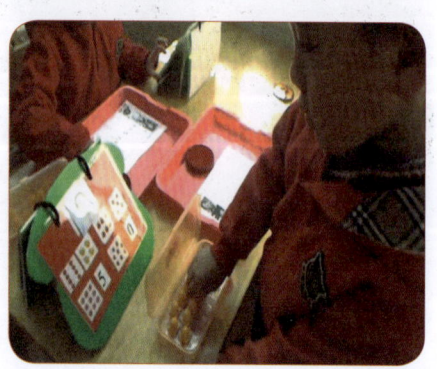

> 指导要点

1. 关注横列与纵列的对应，提醒幼儿不要印错格子。
2. 可根据班内幼儿的数量，制作多个电话号码簿，让幼儿自由选择破译。

（一）挂饰解读

幼儿园环境创设中，除了墙面与区角外，整个活动室的空间装饰也是教师必须考虑到的。挂饰"好朋友，坐一起"选用的是中班幼儿会做的草莓小提篮，同时配以幼儿的大头贴，让幼儿在连接三个小草莓时，能关注到自己身边坐的小伙伴，增进与小伙伴之间的互动，赋予简单的美工活动以社会交往的价值。

主题挂饰
好朋友，坐一起

（二）相关活动

美工制作：草莓挂饰

★ 活动目标

学习制作草莓挂饰，通过连接草莓挂饰，增进与周围同伴的互动。

★ 活动建议

1. 草莓挂饰的制作材料主要是扇形的彩纸，边缘可提前贴好双面胶，以便幼儿制作。
2. 提醒幼儿先装饰再粘贴。
3. 做完后，引导幼儿玩游戏找同伴，找到坐在自己两边的小伙伴，把三个小草莓连接起来。
4. 此活动也可安排在区角游戏中进行。

综合活动：好朋友游园会

★ 活动目标

通过与好朋友一起参加游园活动，共同解决活动中的问题，增进与好朋友之间的交往。

★ 活动建议

1. 此活动可结合"六一"庆祝活动进行，作为"好朋友"主题活动的延伸与拓展。
2. 可进行混班活动，每个活动室开展一个游艺项目，尽量为幼儿创造两人合作游戏的机会。
3. 活动前为每个游艺项目制作海报，在幼儿中进行宣传，让幼儿了解每个游艺活动，并制作游园卡；每参加一个活动后做一个标记，引导幼儿参加所有喜欢的活动。
4. 教师在活动中关注幼儿交往的情况，以及发生问题是如何解决的；并在活动后引导幼儿交流活动中发生的事情和活动后的感受，鼓励幼儿与好朋友更多地交往。

附：活动室游艺小方案

快乐加油站（点心吧，和好朋友共享食物）

活动准备

1. 场地准备：三张餐桌排成一排放活动室中间，活动室四周排放若干桌椅。
2. 物品准备：海报一张、小盘子120个、奶黄包、光明酸奶、琥珀桃仁若干。

活动顺序

1. 每位幼儿进门取一份点心，两瓶酸奶。
2. 寻找喜欢的座位和同伴分食一个奶黄包和一些琥珀桃仁，一人一瓶酸奶。

活动规则

和同伴分享，喝完后将托盘和空酸奶杯放到指定地方，并用餐巾纸擦嘴巴。

幸运大转盘、观影区

活动准备

1. 场地准备：衣帽间设置抽奖转盘区，活动室内设观影区——《鼹鼠的故事》，小椅子上贴有与电影票上相对应的座位号。
2. 物品准备：海报一张、大转盘一个（上面有红黄蓝绿四色）、小奖品若干、电影票若干。

活动顺序

1. 先来的幼儿领取电影票入场，根据票上的号码入座看电影。
2. 晚来的幼儿坐在衣帽间参加抽奖游戏。
3. 按号码顺序转大转盘，大转盘指针转到什么颜色，就进行相应的奖励。

红色：大奖——小礼品一个。黄色：贴纸一张。蓝色：对好朋友说句贴心的话。绿色：和好朋友抱一抱。

4. 初次游戏后，衣帽间的幼儿与看电影的幼儿交换活动。

活动规则

没有轮到抽奖时要耐心等待，能保管好自己的奖品。观看电影时按电影票上的号码就座。

筷子高手

活动准备
1. 场地准备：小方桌10张分散摆放。
2. 物品准备：海报一张、筷子20双、小脸盆10个、小箩筐10个、夹的材料（玻璃弹珠、木珠、小绒球每份5个）。

活动顺序
1. 进入场地后与好朋友一起做好准备。
2. 每两组为一个竞赛队，四个小朋友都准备好了就可以开始比赛，将小脸盆里的物品夹到自己队面前的小箩筐中。
3. 看哪组好朋友夹得多。教师给夹得多的那组发两张贴纸奖励，夹得少的发一张。

活动规则
每次10对好朋友进行比赛，其余小朋友在衣帽间等待。

盲人出行

活动准备
1. 场地准备：在活动室内布置有障碍的螺旋形道路。
2. 物品准备：海报一张、眼罩8个、路障若干、绳子若干、手串铃若干。

活动顺序
1. 两个好朋友观察场地，商量分工（谁扮盲人，谁扮引路者）。
2. 扮盲人的幼儿由好朋友搀着，听从他的言语指令从入口走到出口处，以没有碰响手串铃为赢。

活动规则
每组间隔3米出行。中途可以打开眼罩互换角色。

拼图大PK

活动准备

1. 场地准备：长方桌5张分散摆放，小椅子20张两两对放。
2. 物品准备：海报一张、拼图20套（按难易程度分成一星、两星、三星）、小箩筐20个、贴纸若干。

活动顺序

1. 2名好朋友选择喜欢的拼图图案，一起坐下。
2. 共同完成拼图。

活动规则

每次20名好朋友合作进行游戏，其余小朋友在衣帽间等待。

照相馆

活动准备

1. 场地准备：布置两个背景，电视机里播放各种双人动作照片。
2. 物品准备：海报一张、照相机、各种服装、道具、装饰物品。

活动顺序

1. 两个好朋友自由选服装和道具进行装扮，设计动作。
2. 由老师按序进行拍摄。

活动规则

使用过的道具要及时收归好，放回至指定地点。

运西瓜

活动准备

海报一张、担架4副、海洋球若干、贴纸若干。

活动顺序

1. 游戏前在海洋球入口处排队等待。
2. 每2队进行PK。

活动规则

在规定时间内用担架运输海洋球，运得多的队为胜。

（资源提供：无锡市实验幼儿园）

主题二 车来车往

一、主题说明

在开展中班绘本阅读《轱辘轱辘转》后，孩子们时常三五成群地围绕书中各种各样奇怪的汽车进行热烈地讨论。他们自发地带来了玩具汽车进行交流、分享，通过汽车这个媒介进行交往游戏。一段时间后，幼儿的认知发展、语言表达、交往水平都有了极大的提高。于是，为了给幼儿提供更大的游戏空间，"车来车往"的主题活动就这样生成了。我们以幼儿喜欢的车为环境创设的基点，根据幼儿的年龄特点和需求，充分利用班级空间进行合理规划，收集与汽车有关的图书、图片、玩具等资料，与幼儿共同创设他们心中的"汽车城"——一个玩车、认识车、感受车文化的有趣的地方。

二、空间规划

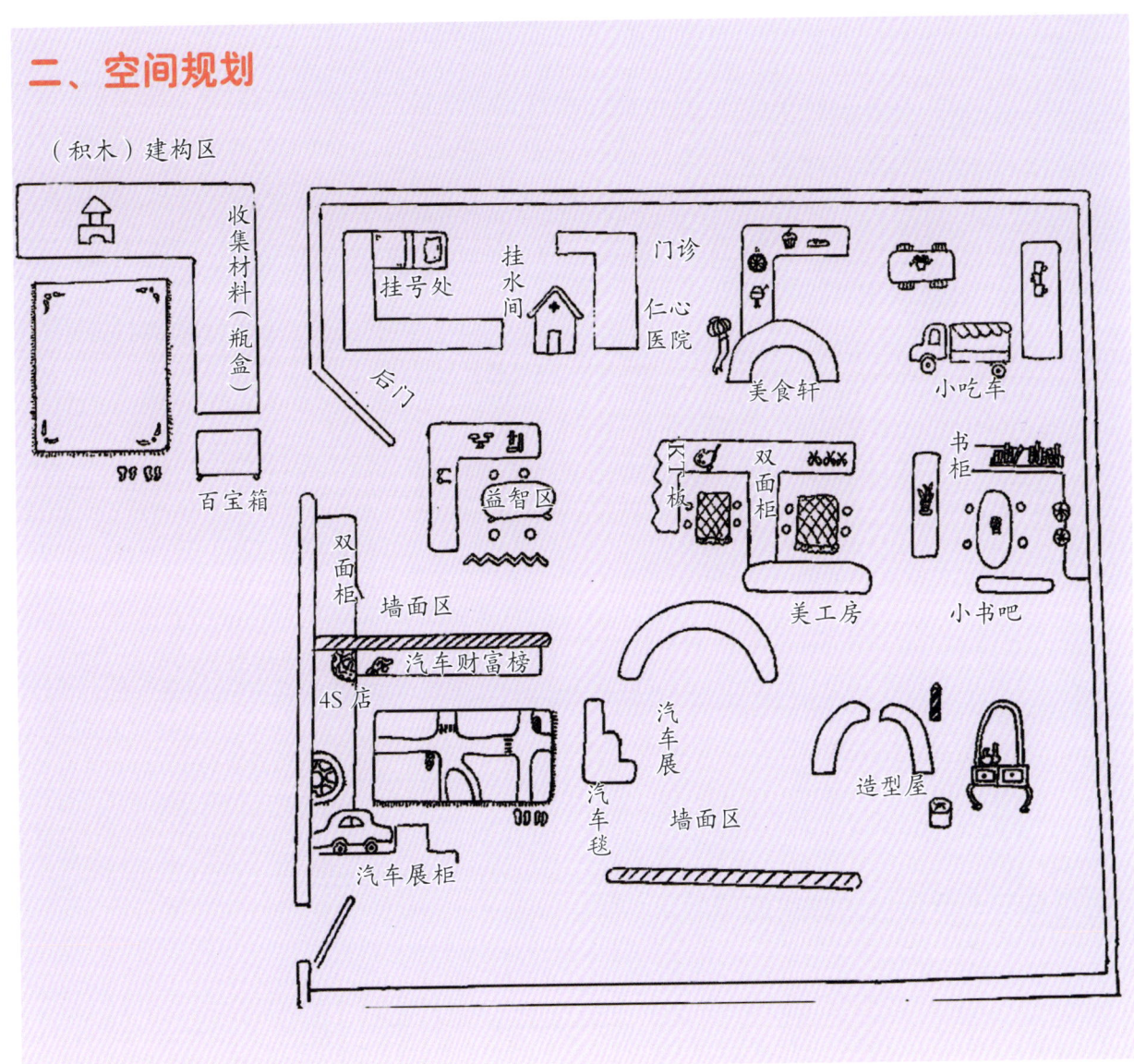

我班的活动室呈规则的正方形，活动空间比较大。电视机前方为幼儿集中区，整体环境划分为若干个半开放的小区域，以柜子、KT板作为间隔，区域之间既有明显隔断，又相互连通，便于幼儿游戏与教师观察。由于主题"车来车往"活动的开展，我班又开辟了"汽车城"区域，满足了幼儿爱车、玩车的意愿。在整个空间创设中，我们还关注到墙面环境与区角活动之间的互动，主题墙面"车子大家族""我喜欢的车"等就设置在"汽车城"区域旁，方便幼儿的分享交流。在主墙面设置"汽车总动员""汽车与我们的生活"的内容，能让幼儿有一个更广阔的互动空间。为了合理地分配各区域，我们在"汽车城"设置了游戏毯区，在建构区设置了地垫区，适合幼儿进行建构停车场、道路游戏。益智区与美工区这两个学习型区域相邻，小书吧相对独立安静，做到动静分离。游戏前，幼儿在集中区计划当日游戏内容；游戏中，幼儿自主选择区角，自由游戏；游戏后，幼儿再次回到集中区进行游戏回顾。

三、主题环境与课程活动

活动列表

主题环境	相关活动	区角游戏
主题环境一：车子大家族	综合活动：各种各样的车 体育活动：玩车	创建汽车城：汽车城区域来源、区域规则介绍 汽车城：道路 汽车城：停车场 汽车城：4S店 汽车城：财富榜
主题环境二：我喜欢的车	语言活动：我喜欢的车 音乐活动：快乐汽车	建构区：搭建机车道路 汽车城：汽车游戏毯 美工区：纸工汽车
主题环境三：汽车总动员	语言活动：老虎的汽车公司 美术活动：我是汽车设计师	益智区：磁性汽车棋 美工区：泥工小车 汽车城：洗车服务
主题环境四：车与我们的生活	社会活动：遵守规则好处多 科学活动：有趣的车标志 体育活动：红绿灯	汽车城：停车场 角色区：我当小司机 美食区：外卖餐车 益智区：车牌号码
主题墙饰： 天气预报 常规墙 区域插牌	语言活动：小小播报员	运动区：自制玩具
附： 游戏室活动	加油站 小交警 公共汽车	

主题环境与课程活动脉络图

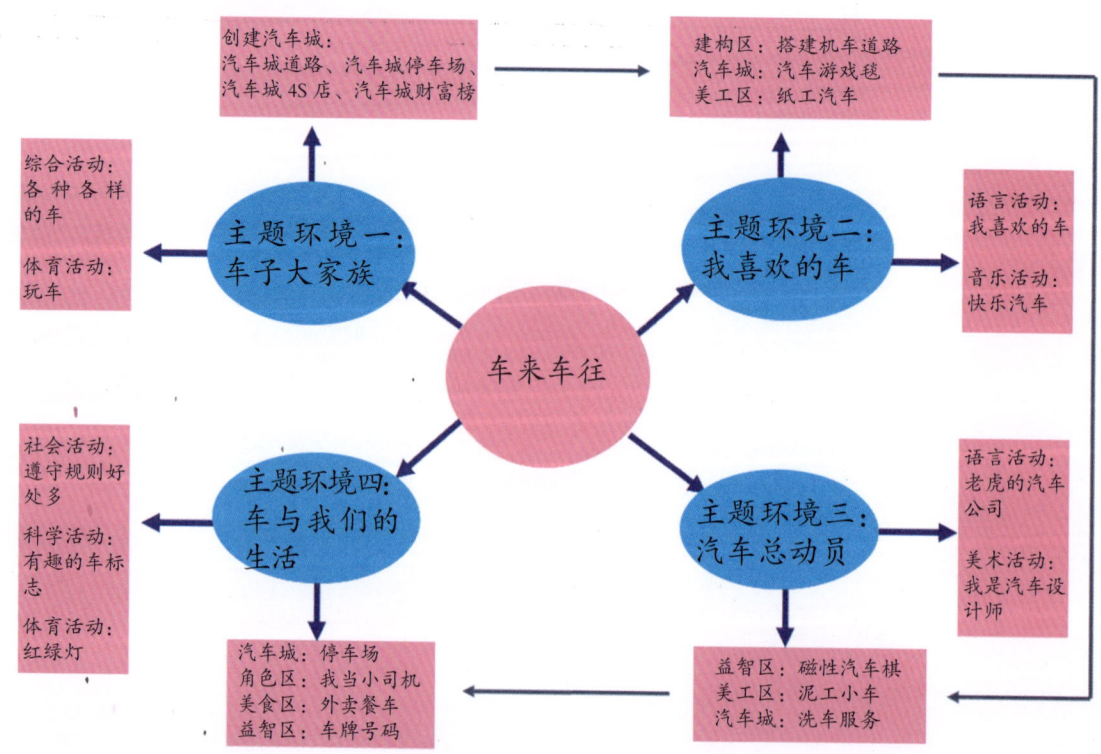

（一）环境解读

在马路上奔跑的汽车总是吸引着幼儿的目光，他们观察着各种各样的车辆：面包车、小轿车、公共汽车、大吊车、洒水车、搅拌车……车辆成为他们日常对话和玩具分享的主要内容，在幼儿的生活和游戏中占据着重要的位置。"车子大家族"这一主题环境让幼儿通过观察、比较，了解常见车辆的不同外形功用，以及汽车的发明过程。此外，还能根据幼儿在游戏活动中的发现，不断增添新的汽车。

主题环境一
车子大家族

（二）相关活动

综合活动：各种各样的车

★ 活动目标

知道汽车是各种各样的，不同的车有不同的用途。简单了解汽车的发明过程。

★ 活动建议

1. 通过课件，简单了解汽车的由来。认识消防车、救护车、垃圾车等。

2. 交流：我知道的车。可从幼儿的生活经验出发，引出话题鼓励幼儿大胆讲述，特别关注语言表达能力较弱的幼儿，也要给予他们讲述的机会。

3. 情景模拟："小猴家着火了，该叫辆什么车呢？""爷爷心脏病发作了，该叫辆什么车呢？""大马路上都是垃圾，该让什么车来解决？"

4. 活动后可让幼儿画一画各种各样的车，加深印象。

体育活动：玩车

★ 活动目标

1. 尝试扭扭车、三轮车、脚踏车的不同玩法，体验玩车的快乐。

2. 学习合作游戏的方法，与同伴友好相处。

★ 活动建议

1. 两人一组玩一种车，学会等待，轮流玩。在一位幼儿游戏时，另一位幼儿担任保护者角色。

2. 利用幼儿园户外现有资源，设置障碍让幼儿尝试挑战，或可在车上放置物品，增加游戏的乐趣。例如：运西瓜，送礼物等。

3. 视幼儿情况可设置快、慢车道以满足不同能力的幼儿，在游戏中让幼儿了解一些交通规则。

4. 游戏后，教师可以和幼儿交流游戏中发生的事情和自己的感受。通过谈话，鼓励幼儿和同伴友好相处、互相谦让。

（三）区角游戏

创设汽车城区域

区域来源

在生成了主题活动"车来车往"后，我们开始思考：既然幼儿那么喜欢汽车，通过收集车的资料也有了一定的理论基础，为什么不创设一个跟车有关的区域呢？于是围绕车这个点，我们创设了"汽车城"——一个玩车、认识车、感受车文化的有趣的地方。

区域规则

由于汽车城新建，幼儿觉得很新鲜，争着抢着要选择"汽车城"的活动，因此活动中往往出现很多混乱情况。"汽车城"的建立除了有趣还要有序，在这里必须遵守一定的游戏规则，如有序停放各类车辆，遵守一定的交通规则，礼让行人等。在幼儿活动前，特别是活动中发生问题、矛盾的时候，游戏规则可提醒幼儿按照大家商定的方法遵守规则，共同活动。

汽车城：道路

发展指向

1. 学习用KT板条、纸箱、贴纸等材料建构"马路"。
2. 感受重力、加速度、惯性等有趣的现象。

材料呈现

长短不一的KT板条、大小纸箱、道路贴纸、小汽车若干。

玩法介绍

游戏时，幼儿可以利用长短不一的KT板条、纸箱、贴纸等材料建构各种马路，如直直的马路、弯弯的马路、高架等。可用材料造出斜坡的效果，并将小汽车放在斜坡上看它的速度有什么变化。

指导要点

1. 活动前，引导幼儿回忆讨论"马路上有什么？""车子是怎样在马路上行驶的？""所有的马路都一样吗？"
2. 活动中，当发现幼儿不满足于在平地上开车时可扩大游戏空间，引导幼儿将道路建到墙面上，将墙面作为新的游戏场地。
3. 斜坡的引入可以让孩子们感受到很多有趣的现象：重力、加速度、惯性等，活动中需要教师及时引导，给予一些知识的补充。
4. 此活动可以与建构区角合作游戏。

汽车城：停车场

发展指向

根据车型的大小和车底的数字将小汽车停放进相应的停车场中。

材料呈现

三层积木架：每层架子上根据车辆的大小间隔式地标有车位数字，如3—1、3—2、3—3……。

隔板：三块与架子等长的KT板，作为停车场楼层分隔牌，与底板相固定，竖直摆放。

玩法介绍

1—3层从小到大各自停着不同的车辆，每辆玩具车底部贴一个数字，代表其停车位所在的楼层数，根据数字将汽车停进车库中。

指导要点

1. 幼儿刚开始玩时，对于数字对应停车位不能很好地掌握，可以在分隔牌上给出相应大小的汽车图片，这样，尚不熟悉数字的幼儿就能根据形象的图片轻松地辨别车辆归属楼层，然后再去对应寻找停车位。
2. 根据幼儿能力水平及游戏进程增加游戏难度。停车场除了按照汽车大小来停放外，还可以根据汽车的功能来停放，如一层停的是小轿车，二层停的是救护车、警车、赛车等特殊车辆，三层停的都是公共汽车、洒水车等大型车。

汽车城：4S店

发展指向

在游戏中逐步认识各种车标图片，体验回力车、遥控车、惯性车、发条车等不同车的玩法。

材料呈现

4S展示台：将各种汽车展示在木柜上。
游戏毯：提供一块有纵横道路的游戏毯。
玩具汽车：回力车、遥控车、惯性车、发条车、拉线车等。
汽车杂志：提供一些废旧的汽车杂志，供幼儿进行剪贴。

玩法介绍

1. 幼儿将自己感兴趣的汽车标志从杂志上剪下，张贴在4S展示台上。也可和同伴玩"我认识的车标"PK游戏，看谁说得车标多，即为胜。
2. 幼儿可以拿汽车展台上的车子在游戏毯上"试驾"，体验不同车子的不同玩法。

指导要点

1. 剪下车标后，可以邀请老师一起在"汽车标志资料库"中查询车标名称，认识该车标，再将车标贴到4S展台上。
2. "我认识的车标"PK游戏可给幼儿提供一个记录成绩的本子或展牌，从而激励幼儿的游戏兴趣和热情。
3. 汽车展台尽可能提供不同玩法的玩具车，让幼儿获得多样的体验。
4. 在试驾时提醒幼儿遵守规则，爱护每一辆小汽车。

汽车城：财富榜

发展指向

学习合理规划自己在区域游戏中赚到的游戏钱币。

材料呈现

财富榜：财富榜上每个幼儿均有一幢属于自己的房子，即"家"。
小汽车贴纸：提供各种各样的小汽车贴纸。
汽车标价图：每个小汽车贴纸下都有相应的购买价格。

玩法介绍

幼儿在区域游戏中通过自己的辛勤劳动或自己的作品赚取一定数量的钱币，这些钱币可以用来购买汽车城财富榜上的汽车，每辆汽车都有对应的价格，幼儿购买后将小汽车停放在自己的"家"门口。

指导要点

1. 游戏使汽车城与其他区域游戏串联了起来，体现汽车城游戏的广度，应鼓励幼儿积极参与各个区域的游戏。可能刚开始幼儿不会规划自己的钱币，教师可以进行个别指导。
2. 汽车标价图设计得简单明了一些，方便幼儿看懂；价格不宜标得过高，在10以内，4S店的账目先由教师管理，等逐渐熟悉后再交给幼儿来管理。

主题环境二 我喜欢的车

（一）环境解读

对各种各样的汽车有所了解之后，幼儿有了自己的喜好，一有空就会来看一看墙上的汽车挂图，找自己搜集来的汽车资料。于是我们设计了一张调查表"我喜欢的车"，将爱车的名称、外形和用途记录下来，并且让幼儿将喜欢的车介绍给大家。这一主题环境既展现了幼儿对车的认识，也为幼儿之间提供了互动交流的机会。

（二）相关活动

语言活动：我喜欢的车

★ 活动目标

1. 了解自己喜欢的车的名称、外形和用途。
2. 能把自己喜欢的车介绍给大家，并乐于想象未来的车。
3. 体验与同伴交流和分享的乐趣。

★ 活动建议

1. 到"汽车城"参观各种各样的汽车，引导幼儿自由玩喜欢的车。
2. 交流自己喜欢的车。教师：你喜欢什么样的车？它是什么样的？它有什么本领？为什么喜欢它？鼓励幼儿积极交流，提醒幼儿注意倾听他人的介绍。
3. 讨论：想象未来的车。你认为今后还会有什么样的车？它会和现在的车有什么不同？
4. 活动中可请幼儿欣赏故事《神奇的变形车》。

音乐活动：快乐的汽车

★ 活动目标

1. 能合着快慢不同的音乐节奏，创造性地模拟一些汽车的最主要特征。
2. 体验大胆想象、自由表现的乐趣。

★ 活动建议

1. 活动前，有认识汽车、玩汽车的经验，做过"小司机"的音乐游戏，熟悉红灯、绿灯、转弯的音乐信号。
2. 通过提问"你最喜欢什么汽车，为什么？""你能听着音乐来表现一下吗？""想一想音乐节奏快时汽车好像在干什么，音乐节奏慢时汽车好像在干什么，怎样用动作来表现？"鼓励幼儿用身体动作创造性地表现汽车最主要的特征。
3. 活动中，关注每个幼儿的表现，引导幼儿根据音乐节奏的快慢配上合适的动作。

（三）区角游戏

建构区：搭建玩车道路

发展指向

学习用多种材料搭建玩车道路，体验和同伴合作搭建的快乐。

材料呈现

泡沫积木，各类纸管、纸盒、罐子，幼儿自带的汽车玩具。

玩法介绍

幼儿尝试用不同大小、形状的清水积木搭建马路，设置马路上的交通标记等，模拟汽车在马路上行驶。

指导要点

1. 讨论：教师引导幼儿先想好自己要建构的行车马路，然后去找所需要的材料。教师提示幼儿可以选择长的积木做桥，选择弯的积木做弯道。

2. 让小车在建构好的马路上行驶，感受坡度、直线、曲线、弯道等路段的不同。

汽车城：汽车游戏毯

发展指向

认识游戏毯上各个游戏区域及作用，愿意和同伴一起友好地游戏。

材料呈现

汽车游戏毯1块，各种汽车玩具。

玩法介绍

幼儿围着汽车游戏毯观察讨论：游戏毯上有些什么？高架上该怎么开？毯上有纵横交错的马路，不同的服务区域，幼儿可以根据游戏毯的路标提示进行开车游戏。

指导要点

教师提醒幼儿：汽车之间保持一定的车距。个别幼儿在玩游戏时会有争抢行为，建议他们有序开车，各行其道。

美工区：纸工汽车

> **发展指向**

1. 在认识小汽车的基础上学习制作汽车模型。
2. 学习看懂图示，练习剪、折、粘贴的技能。

> **材料呈现**

制作小汽车手工材料若干，剪刀、双面胶人手1份。

> **玩法介绍**

1. 将制作材料剪下，按照提示折叠为立体汽车，并用双面胶粘贴。
2. 制作完毕，放在汽车毯上进行游戏。

> **指导要点**

1. 以照片的形式提示操作步骤，鼓励幼儿按照图示进行折叠、粘贴。
2. 有需求的幼儿可以多做几辆汽车，感受不同汽车的不同做法。

（一）环境解读

汽车的种类很多，功能各不相同，不光吸引幼儿的眼球，也深受成人酷爱。变形汽车、赛车、军事车等更为幼儿津津乐道。未来的车又是怎样的？我们会开着动物车、水果车吗？幼儿天马行空，发挥想象，设计了属于自己的未来车。

主题环境三
汽车总动员

（二）相关活动

语言活动：老虎的汽车公司

★活动目标

通过学习故事内容，了解不同汽车的用途。

★活动建议

1. 以问题"老虎开了一个汽车公司，他的公司里有些什么车？"导入活动，引起幼儿对故事的兴趣。

2. 结合课件的内容讲述故事。

3. 通过情境表演的形式，加深幼儿对各种车用途的了解。

美术活动：我是汽车设计师

★活动目标

能大胆想象和表现独特的汽车，乐于分享交流。

★活动建议

1. 活动前，先和幼儿一起了解汽车的基本结构，如车轮、车灯、车门、方向盘等。

2. 活动中，鼓励幼儿大胆设计"我的车"，提供一些概念车的图片，激发幼儿的设计灵感和不同的设计思路。

3. 引导幼儿向大家介绍自己设计的车，和同伴分享作品。

（三）区角游戏

益智区：磁性汽车棋

发展指向

认识马路上的各种标志，了解基本的交通规则，体验磁性游戏的乐趣。

材料呈现

铁盒棋盘、磁性小汽车人手1辆、数字骰子。

玩法介绍

幼儿选择一辆自己的磁性小汽车，抛数字骰子，在迷宫式的磁盘上交替行进，看谁先到达终点。

指导要点

1.讨论如何与同伴合作开展下棋游戏。你们的游戏是几人玩的？如何让小汽车交替行进？

2.帮助幼儿在玩竞赛游戏时学会商量、等待。

3.提示幼儿游戏结束后将磁性小汽车收归到指定区域。

美工区：泥工水果车

发展指向

学习用团、搓、压等方法制作水果汽车，体验泥工活动带来的快乐。

材料呈现

彩泥：选用色彩丰富的超轻粘土，以便幼儿造型。

工具：压印模具、塑料小刻刀、泥工板等。

辅助材料：牙签。

KT板做成的马路。

玩法介绍

幼儿根据自己的喜好做一辆水果汽车，可用团、搓、压等方法进行造型创意。

指导要点

1.可为造型能力弱的幼儿提供各种造型模具，让幼儿在模板上压印出水果造型后再做汽车的轮子。

2.鼓励幼儿运用压、搓、刻等方法塑造水果汽车，提醒幼儿在安装车轮的时候要注意位置。

3.可多提供一些水果图片让幼儿自由选择，使作品内容更丰富。

汽车城：洗车服务

> **发展指向**

会操作洗车机，了解清洗小汽车的流程，能向客人介绍清洗过程。

> **材料呈现**

洗车机：中形纸盒，相对应的两面各开一个可以让汽车进入的门。另外相对的两边各开两个孔，插入洗车棒。箱子顶上开两个长方形天窗，便于看洗车过程。箱子底部放一块纸板，拉动纸板可使车子自动进入洗车机。洗车机外做简单的装饰。

> **玩法介绍**

客人带着自己的小汽车来4S店洗车。店里的服务员要热情接待，边向客人讲述洗车的流程，边操作洗车机：将车放上传送带，摇动冲洗杆，冲洗完成后继续开启传送带将车传送到擦净区，摇动擦净杆。洗车完成后，将车送回给客人。

> **指导要点**

1. 洗车顾客较多时，可以采取叫号洗车的方式，安排客人有序等待。等待中的客人也可以先去玩别的游戏，叫到号后再回来洗车，减少等待时间。

2. 操作洗车机的幼儿要熟悉操作流程，在上岗前可先学习洗车流程操作图。

（一）环境解读

　　交通安全与每一个行人、驾驶员和家庭都有着密切的关系。幼儿通过对各种汽车的外形、用途进行了解，继而拓展到对马路上各种安全标志、规则的关注，逐步培养了安全意识、规则意识，不断丰富生活经验。

主题环境四

车与我们的生活

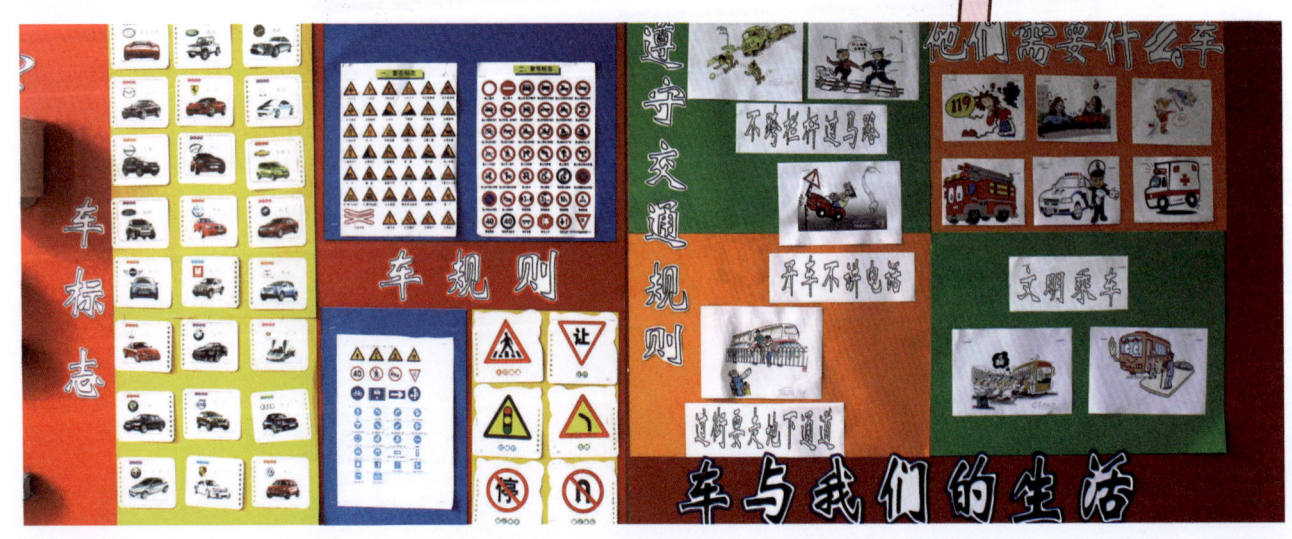

（二）相关活动

社会活动：遵守规则好处多

★活动目标

了解简单的交通规则，能辨别交通行为的对与错，体验做文明行人。

★活动建议

1.播放视频《马路上》，引导幼儿讨论行人必须遵守的交通规则。出示常见的交通标志，引导幼儿认识并讨论标志的作用。

2.幼儿人手一张《马路上》操作单，教师引导幼儿将自己手中的交通标志贴到马路的相应位置上，并说说为什么。

3.出示行人各种交通行为的图片，引导幼儿讨论判断图片中行人行为的对错，并说出原因。

科学活动：有趣的车标志

★活动目标

了解各种车的不同标志，感知数字在生活中的重要性，尝试设计汽车标志。

★活动建议

1.此活动可进行集体活动，也可安排在区角活动时进行。

2.启发幼儿交流所认识的车的品牌，以及自己对车的发现。

3.引导幼儿辨认各种汽车的标志和车牌号，鼓励幼儿大胆想象并表述这些标志像什么。教师进行总结，让幼儿知道车的标志是一种品牌的象征，而车牌号则像人的名字，是每部车特有的代号。

4.提供美工材料，引导幼儿根据自己的构想，设计出汽车的标志及车牌号。

体育活动：红绿灯

★活动目标

1.感知红、绿灯的特征、用途，知道过马路时必须遵守交通规则。

2.提高对信号灯迅速反应的能力，体验开汽车游戏的乐趣。

★活动建议

1.活动前，通过示范让幼儿了解游戏的玩法。在指定的场地内，教师当交警（手里拿着一个用纸板做成的红绿灯标识），小朋友们每人手中都握着一个方向盘（呼啦圈）开车。过程中，教师站在场地内，一边念儿歌"红灯停、绿灯行，黄灯请你等一等"一边指挥"交通"，当教师举起绿色标志说到"绿灯"时，幼儿开车前行，当教师举起红色的标志，说到"红灯"时，幼儿停车。

2.游戏进行2次后，交警的角色可以请幼儿来担当。

3.可根据幼儿的活动情况逐步增加难度，设置路障，如凸起的路面、障碍物等。

（三）区角游戏

角色区：我当小司机

发展指向

1. 积极参与角色游戏，感受与同伴一起游戏的快乐。
2. 喜爱玩车，体验车辆给我们生活带来的方便。

材料呈现

纸箱做的小汽车3辆，自制纸箱加油站，在地面贴上斑马线。

玩法介绍

小司机开车接待乘客上下车，载着客人到想去的区域。

指导要点

1. 在游戏过程中，不断丰富游戏的情节，如上车买票，在指定的站牌处等候车辆，去加油站加油等。
2. 引导幼儿注意文明礼仪，遵守乘车规则。

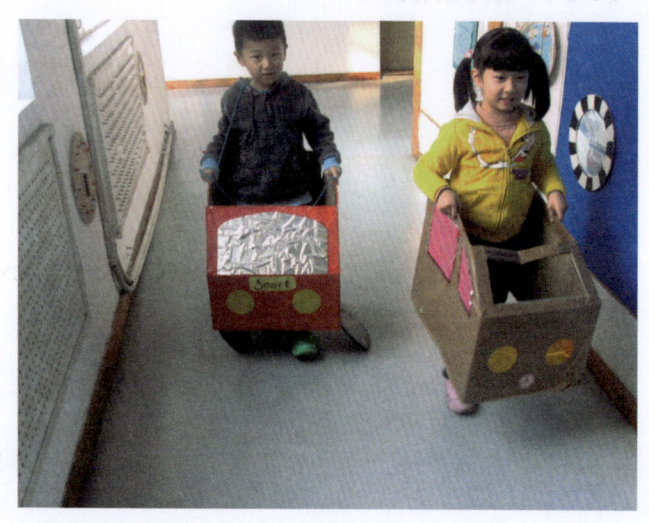

美食区：外卖餐车

发展指向

会准备、回收外卖餐车中的物品，学习简单的招揽客人的话语，根据客人的要求包装售卖各种食品。

材料呈现

餐厅外卖车：用一个多层的玩具柜制成，设有外卖窗口，并简单装饰。

外卖菜单：绘制一张外卖菜单，悬挂在餐车上，便于客人点单。

外卖餐点：用超轻彩泥制作蛋糕、面包、披萨等。

外卖包装盒：各种大小不一的漂亮盒子。

玩法介绍

用超轻彩泥制作汽车外卖餐车中的售卖食物，用语言或自制宣传画来招揽顾客。根据顾客的点单，将食物打包进相应的盒子中。外卖送餐服务员还要定时去各个区域将餐点回收。

指导要点

1. 活动刚开始时可能外卖车服务员不太会招揽顾客，教师可以给予适当的引导。
2. 外卖车要安排餐点回收人员到各个区域去回收卖出去的餐点，便于餐车继续运营。

益智区：车牌号码

> **发展指向**

简单了解车牌号码的特点，积极参与操作，乐于讲述自己的发现。

> **材料呈现**

小汽车操作板：有可以插五位数字的号码透明区域。
汽车号码密码板：上面有五个格子，每个格子里有点数或物品，可多准备几块密码板。
数字盒：数字卡片1-7、点子卡片1-7。

> **玩法介绍**

游戏时先将小汽车操作板放于身前，取一块汽车号码密码板，尝试破译每块密码板上的数字，破译后从数字盒中找到相应数字插入小汽车操作板上相应的透明袋中，等五个数字都破译后，读一读小汽车操作板上的车牌号，翻转汽车号码密码板核对是否破译正确。

> **指导要点**

1. 提示幼儿将数字一一对应地摆放到小汽车操作板的透明袋中，不能随意乱放。
2. 提醒幼儿进行自我校对，检查密码破译的正确性。

主题墙饰
天气预报、常规墙、区域插牌

（一）墙饰解读
天气预报
（一周气温曲线）

　　富有车元素的"小车报天气牌"每天吸引着孩子们来更换日历牌和天气情况卡。在一条跳动的车道上，通过小汽车行驶的方向，勾画出一周气温曲线。每周五孩子们都会来摆一摆下周的气温曲线，在摆摆、说说中幼儿的观察能力、语言表达能力和动手能力得到显著的提高。

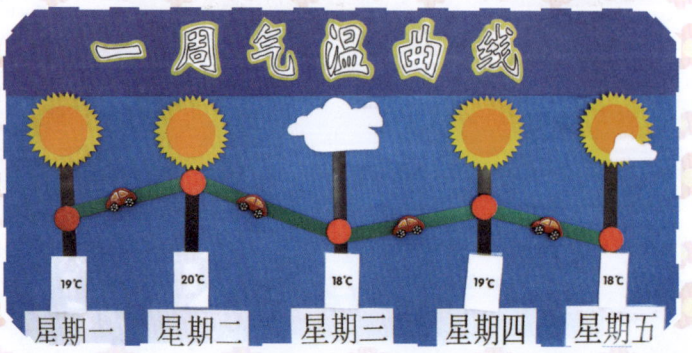

常规墙——加油小站

常规墙"加油小站"的规则是在幼儿现有能力水平的基础上确定的，旨在帮助和指导幼儿养成良好的生活学习习惯，促进其健康、活泼地成长。规则制定后我们提供给幼儿实践的机会，谁能很好地完成常规墙的要求，那么在每周五的评星活动时，他的小汽车就能去加油站加油（即得到一颗星星），使幼儿在活动中明白规则的具体要求，并懂得规则执行的意义。

停车式的区域插牌

每个幼儿都有一辆绒布小汽车作为区域游戏牌。区域游戏前，幼儿开着自己的小汽车去选择想玩的区域。利用绒布轻轻摩擦后有吸附力这一原理，请幼儿将绒布汽车轻轻地在所选区域绒布上摩擦一下，小汽车就停好了，便于幼儿的操作。

（二）相关活动

语言活动：小车播天气

★ 活动目标

1. 学习运用"晴天""雨天""阴天""雷雨天"等词与他人交流天气的变化，会根据气温连线绘制一周气温曲线。
2. 学会专注倾听，体验与人交谈的乐趣。

★ 活动建议

1. 用"你们知道天气有哪些变化？你是怎么知道天气要变化的？"提问引入活动，激发幼儿交流天气变化的兴趣。
2. 讨论讲述，了解天气情况有几种变化。重点引导幼儿运用"晴天""雨天""阴天""雷雨天"等词来讲述不同的天气。
3. 巩固练习，学做小小气象播报员。记录本周气温，根据气温的高低连线绘制一周气温曲线。
4. 鼓励幼儿模仿气象预报员，选择不同的天气图片，进行天气预报。

附：游戏室活动

加油站

★ 游戏准备

1. 场地准备：游戏室内地面贴有道路行驶标记。
2. 物品准备：用纸箱制成的加油箱、纸箱小汽车若干辆等。

★ 游戏玩法

幼儿扮演小司机驾驶汽车在游戏室内行驶，当需要加油时，幼儿可以将车停放在加油机旁边，然后选择油箱管子固定在汽车上加油。

★ 游戏建议

加油时问一问小司机"加几号油？"引导幼儿选择相对应的油箱加油，并在油箱计数区上按一按数字，以确定加油成功。

小交警

★ 游戏准备

1. 场地准备：游戏室内地面贴有道路行驶标记。
2. 物品准备：扭扭车、脚踏车若干，小交警帽子，哨子1只，各种交通指示标记若干个。

★ 游戏玩法

幼儿分角色扮演交警、司机，当司机开车接近交警时，交警做交通指挥动作（停止、直行、左拐、右拐等）。小司机听指挥开汽车，遵守交通规则。

★ 游戏建议

一名幼儿做交警队长，在岗亭区做总指挥。也可和交警同伴一起联合指挥，检查过往车辆。如做出停止手势，请过往的汽车停下后接受检查。

公共汽车

★ 游戏准备

纸箱制成的公共汽车、司机帽子、车站牌、车内椅子若干。

★ 游戏玩法

一名幼儿扮演公共汽车司机，其余幼儿扮演乘客。司机开车后播报乘车安全注意事项，乘客主动向司机说明要去的地方，到达目的地时司机播报"到站了"。

★ 游戏建议

1. 引导幼儿正确运用已有的生活经验，再现生活情景。
2. 引导幼儿协商角色的分配，可互换角色游戏数次。

（资源提供：无锡市滨湖实验幼儿园）

主题三 我生病了

一、主题说明

　　幼儿园的生活总会遇到各种各样的事情，充满变化。每个事件的发生都有其特殊的意义，其中都会有积极的一面，我们可以和幼儿一起从中寻找积极的意义。"我生病了"这个主题就是源于班里一名幼儿在活动的时候突然出现了昏倒的现象，从而引起了其他幼儿的极大关注。大家议论纷纷：她怎么了？怎么会生病的？我们该怎样帮助她？……幼儿对生病这种现象的关注让我们觉得这是一次非常好的教育契机。在这一主题活动中，我们要给幼儿真实的生活体验和真实的教育，使幼儿多一种经历，多一种学习，学会热爱生活，成长为一个心理健康、坚强勇敢的人。

二、空间规划

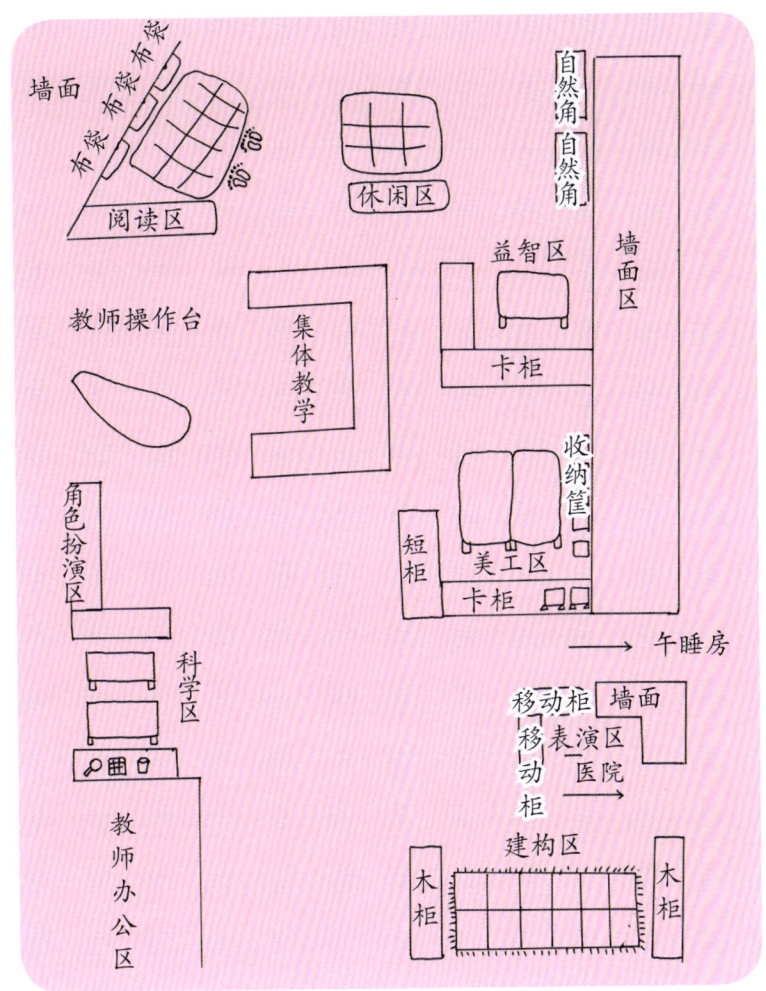

我班的活动室是不规则形状的，空间比较大。在安排各个活动区布局时，我们考虑到了活动区动与静的相对隔离、水源、光线等因素。基于此，我们将阅读区放置在光线较强而相对安静的角落；我们原计划将美工区放在最靠近水源的地方，也就是现在的建构区域，但是在实际操作中发现，现在的建构区不适宜作品的呈现，因此在多次调整之后放在了现在的位置。这样，幼儿的"计划表""小册子"等小作品能够很方便地进行展示。科学区设置在办公区旁边，并且离水源较近；角色扮演区靠近大屏幕，能满足幼儿表演时需要视频、音乐等的要求。在分隔各区域时，我们主要利用高矮、大小不一的柜子、纸箱、移动柜等，尽量使各区域既有联系又尽量不互相影响。

三、主题环境与课程活动

活动列表

主题环境	相关活动	区角游戏
主题环境一：我生病了	美术活动：我生病了…… 谈话活动：为什么会生病？ 亲子活动：友情便利贴	表演区：草莓小姐和西瓜先生 美工区：制作演出约定
主题环境二：我关注……	社会活动：我需要…… 谈话活动：我关注……	角色区：便民医院 语言区：连句子游戏
主题环境三：医生伯伯对我说	语言活动：医生伯伯对我说	科学区：测量身高 生活区：我的身体档案
主题环境四：我的健康小册子	美术活动：我的健康小册子 社会活动：爱的分享	美工区：营养蛋、营养金字塔
主题环境五：我的运动计划表	健康活动：我的运动计划表	运动区：自制体育玩具

主题环境与课程活动脉络图

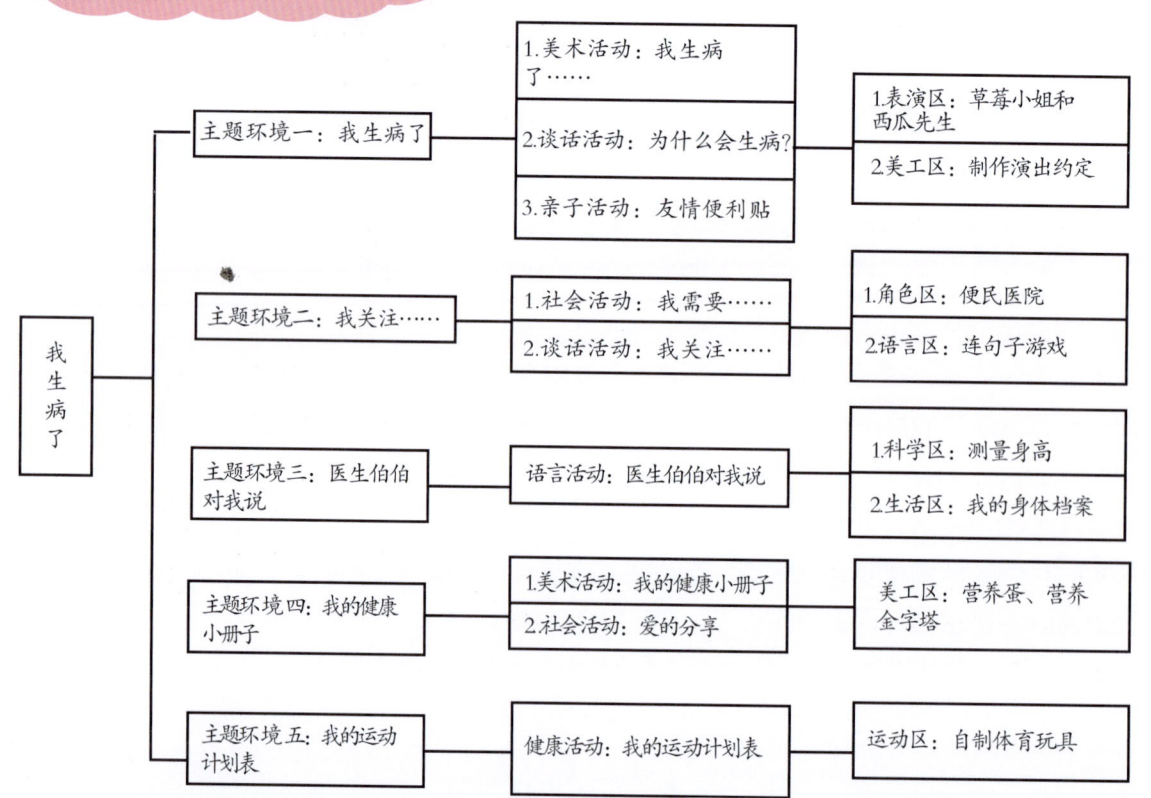

主题环境一
我生病了

（一）环境解读

当我们和幼儿围绕"我生病了"这个活动进行讨论之后，幼儿用绘画、亲子互动留言的方式记录了自己生病的点点滴滴。基于此，我们的主题环境包含两个内容：1.我生病了……2.为什么会生病？

此主题环境意在融入我们真实的生活场景，并利用教室空间、KT板、废旧纸板来帮助幼儿呈现活动轨迹。

（二）相关活动

美术活动：我生病了……

★ 活动目标

用绘画的方式表现自己的生病经历，喜欢绘画记录的方式。

★ 活动建议

1. 讨论：

（1）你有过怎样的生病经历？

（2）生病期间发生了哪些让你难忘的事情？

（3）生病了，你的心情怎样？生病期间，你最常做的是什么事情？

2. 用绘画的方式记录：

（1）我们可以怎样记录下这些生病的故事呢？

（2）出示一些生病故事的范例，让幼儿猜测画面表达的意思。

（3）幼儿尝试自己记录。教师提示幼儿要画得清楚，让别人看得懂。

谈话活动:为什么会生病？

★ 活动目标

通过观察、讨论，了解生病的一些原因，知道预防生病的一些方法。

★ 活动建议

1.活动前，教师准备相关图片、多媒体资料，帮助幼儿了解为什么会生病。准备好与人数相当的便利贴、记号笔等以便幼儿设计"友情提醒贴"。

2.帮助幼儿了解病因：着凉、相互传染、挑食、抵抗力差等等。组织幼儿讨论：当出现生病的症状后，我们应该怎么做？

3.结合自己以往的病史情况，想一想自己或是爸爸妈妈是如何应对的，可以怎样预防？

4.为自己的健康留言——亲子共同记录。

解读："友情提醒贴"来源于我们班一位细心妈妈的举动。她经常在我们的电脑桌前用便利贴的形式给我们留言，提醒幼儿，也提醒老师天气多变，要多喝水。她家的宝贝在休息时间也不时地去看小纸条。这些充满爱意的小纸条吸引了班上幼儿，也提醒了我们，便利贴本身就有温馨提示的意义。因此，我们发动爸爸妈妈们和幼儿一起在便利贴上或写或画，一起设计"友情提醒贴"，为宝贝们的身体健康留言。

在幼儿第一次记录他们生病的症状后，我们发现他们的画笔虽然稚嫩，却不失为一种很好的表达、表现形式，于是我们再一次试着用绘画的形式开展活动，这种图文并茂的方式成了走廊里一道亮丽的风景线。

（三）区角游戏

星光剧场（表演区）：草莓小姐和西瓜先生

> 发展指向

理解故事内容，创编人物对话，并尝试模仿故事中的角色表演。

> 材料呈现

墙上张贴故事图片、表演游戏规则，演出服，纸质塑封头饰，话筒。

> 玩法介绍

故事以图片的形式在表演区墙上展示，幼儿逐步完成不同程度的任务。

1. 了解故事内容。
2. 讲出故事梗概。
3. 用自己的话表达主人公的对白。
4. 按照自己的理解将爱唱歌的西瓜先生和爱跳舞的草莓小姐用自己喜欢的表演形式展现出来。

> 指导要点

1. 指导幼儿看图理解故事。
2. 鼓励幼儿脱离图片回忆故事内容。
3. 指导幼儿结合故事内容创编故事对话，尽可能地用自己的语言进行对话表演。
4. 鼓励幼儿同他人合作，演绎故事情节。

美工区：制作演出约定

▶ 发展指向

结合共同商议的演出约定，用图标的方式进行绘画表达。

▶ 材料呈现

黄色皱纹纸、铅笔、橡皮、勾线笔。

▶ 玩法介绍

1. 共同讨论演出约定的具体时间。
2. 将讨论的约定用图标的方式绘画出来。
3. 交流图标的意思，对约定形成共识。

▶ 指导要点

1. 鼓励幼儿与同伴讨论约定，进行图标设计。
2. 共同将图标布置在墙面上，形成"约定墙"。

主题环境二

我关注……

（一）环境解读

我们发现，幼儿的许多经验都是通过模仿、迁移而来的，让他们模仿爸爸妈妈平时的做法，学着关心别人。生病的时候，爸爸妈妈会给他们用毛巾擦身体、陪他们打点滴，还要喂他们吃药、喝水、测量体温。我们把这些照片资料收集起来，布置在墙面上。再利用废旧纸板创设相框、电脑屏幕等，用衬底、增加线条的方式进行艺术性的修饰。让家园合作的主题墙成为幼儿有效的学习资源。

（二）相关活动

社会活动：我需要……

★ 活动目标

通过收集资料、交流分享，了解大人在自己生病时是怎么照顾自己的。

★ 活动建议

1. 活动前，进行资料大收集，了解自己生病时大人是怎么照顾我们的。
2. 及时与家长沟通，聆听家长反馈的信息。
3. 收集照片、视频等资料，为幼儿的进一步交流做准备。

解读：合理地利用好家长资源，不仅可以帮助幼儿获得大量的知识信息，而且可以让家长积极地参与到教育活动中。家长对幼儿的鼓励、支持，不仅可以帮助他们积累育儿经验，而且可以增进亲子间的感情。

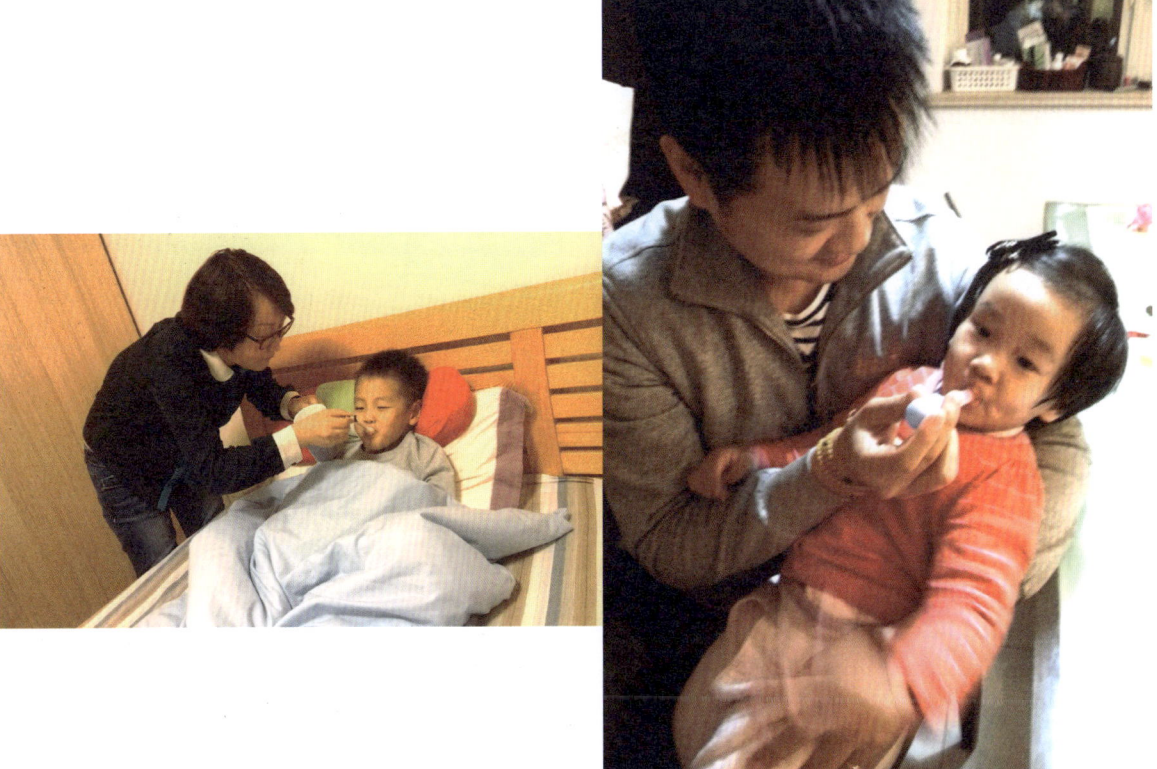

谈话活动：我关注……

★ **活动目标**

1. 愿意与他人交谈，尝试用画箭头的形式更好地表达自己的愿望和想法。
2. 激发关爱家人的情感。

★ **活动建议**

1. 活动前，教师准备好自制的模拟电脑界面的底板。
2. 讨论："假如你的家人生病了，你会怎么做？"鼓励幼儿用绘画记录，再以网站贴吧的形式呈现幼儿的想法。
3. 活动中，教师及时对幼儿的回答进行提炼、小结，对活动过程中幼儿出现的问题及时进行引导。

解读：中班幼儿的绘画常常以单幅图的形式出现，有的幼儿画面单一，没有连贯性，让人一眼看不出他所表达的意思。这时候，教师可提示幼儿用箭头把几幅图顺连起来，这样留言的内容就让人一目了然了。

（三）区角游戏

角色区：便民医院

发展指向

扮演医生、病人等角色，模拟看病场景。

材料呈现

医生服装、医疗用品、医院场景。

玩法介绍

1. 每次游戏人数为4-5人，进区之后选择服装，明确角色。
2. 游戏中医生给人看病，护士负责挂号、收费、取药等，病人排队就诊。

指导要点

鼓励幼儿在角色扮演时体会"病人"的疼痛，表现"医生""护士"的工作状态。

语言区：连句子游戏

发展指向

能根据自己排列的生病情景图片进行完整的讲述。

材料呈现

连句子游戏底卡、情景图片。

玩法介绍

1. 运用游戏道具，将一些生病情景图片在底板上进行排列。
2. 结合图卡，进行完整讲述。

指导要点

1. 鼓励幼儿尝试多种排列组合，连接句子进行讲述。
2. 鼓励幼儿自制情景图片，丰富讲述内容。

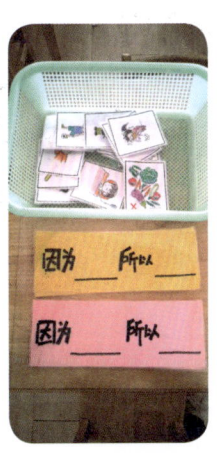

（一）环境解读

随着主题活动的深入开展，幼儿逐渐对怎样预防疾病有了许多经验，并且帮助、关心他人的这种情感表达越来越强烈。"医生伯伯对我说"这一环境其实就是一个简短的阶段总结，幼儿自编的儿歌用图文并茂的形式呈现在墙面上，在区角里，幼儿还玩起了测身高、建档案的游戏。

主题环境三
医生伯伯对我说

（二）相关活动

语言活动：医生伯伯对我说

★ 活动目标

1. 结合前期经验，创编简单的顺口溜。
2. 知道人们虽然常常会生病，但是有些疾病还是可以预防的。

★ 活动建议

1. 顺口溜可以先由教师示范创编，用图文并茂的形式，让幼儿猜测顺口溜的内容。
2. 幼儿尝试创编，教师进行梳理、归纳，形成顺口溜。

例：

天气冷了需保暖，

增强体质多锻炼，

公共场所需防范，

健康饮食多休息。

3. 幼儿可以边念顺口溜边表演。
4. 结合幼儿已有的经验，创编的顺口溜可短小、押韵。

（三）区角游戏

科学区：测量身高

发展指向

1. 用工具测量身高，会用符号、数字进行简单的记录。
2. 通过观察比较，发现自己一学期的身高变化。

材料呈现

教室墙上贴有长颈鹿图案的数字身高表、尺子、记录表、记号笔。

玩法介绍

1. 用工具互相帮助，进行身高测量。
2. 将自己的身高进行跟踪记录。

指导要点

1. 提示幼儿在测量时将身体笔直地贴在墙边长颈鹿图案的身高刻度的上面，便于测量最真实的身高。
2. 关注幼儿的数字记录方法，提醒幼儿注意数字的变化。

生活区：我的身体档案

发展指向

1. 会用符号、数字进行简单的记录。
2. 了解自己与同伴的饮食、运动等喜好，以及蛀牙、指甲长度等身体情况。

材料呈现

记录本、记号笔等。

玩法介绍

1. 每人一本记录本，设想如何进行记录。
2. 幼儿用记号笔、蜡笔等进行记录，封面上写上自己的学号或者名字。

指导要点

1. 提示幼儿记录完整。
2. 不明确的地方可以询问老师。

（一）环境解读

在我们的生活中，有些小疾病同样会侵害我们的身体，比如：蛀牙、肥胖、贫血、消化不良等等。把预防的小知识记录下来，可以增进幼儿的生活经验。通过制作小册子，了解生活中预防疾病的方法，通过对家人、同伴进行介绍，将关心带给他们。还能通过自己对小册子的装饰提高动手能力。

主题环境四
我的健康小册子

（二）相关活动

美术活动：我的健康小册子

★ 活动目标

1. 能用粘贴、绘画的方式装饰自己的健康小册子。
2. 通过爸爸妈妈的协助，理解并能清楚表达自己小册子上的内容。

★ 活动建议

1. 与家长沟通，在家中为幼儿准备制作小册子所需的材料。
2. 家长帮助幼儿了解书的基本构造，书一般都由封面、内文、封底组成。
3. 家长与幼儿一起了解一些健康小常识，丰富幼儿的经验。
4. 亲子制作和交流《我的健康小册子》，幼儿学习简单地介绍自己的健康小册子。
5. 将小册子带到区域进行美化。

解读：这是一次亲子活动，让幼儿和父母一起商量修改、完善自己的小册子。提示家长：幼儿能够自己画出来的就自己画，有困难就向爸爸妈妈求助。制作完成后，再共同分享交流小册子的内容。

社会活动：爱的分享

★ 活动目标

乐意将小册子的内容分享给家人、朋友、弟弟妹妹们，体会分享的乐趣。

★ 活动建议

1. 把健康带给家人。幼儿和父母一起制作的过程其实本身也就是和爸爸妈妈互相分享的过程，也可与祖辈进行分享。

2. 把健康带给同伴。与同伴分享可以资源共享、信息共享，不仅扩大了知识面，也增进了彼此的友谊，提高了交往能力，促进关心他人的情感发展。

3. 把健康带给更多的人。健康小分队分头行动，有的讲给同年龄段的同伴听，有的讲给弟弟妹妹听，还有的讲给老师们听，给大家传播健康知识。

（三）区角游戏

美工区：营养蛋、营养金字塔

发展指向

1. 用绘画的形式表现食物，有一定的涂色、勾线能力。
2. 了解食物的多样性，知道健康饮食。

材料呈现

黑色KT板与黄色手揉纸做成食物金字塔底板、绘画工具、绘画用纸。

玩法介绍

1. 将幼儿画的各种食物分类，贴在食物金字塔底板上。
2. 将营养蛋作品张贴在主题墙面上。

指导要点

1. 提示幼儿注意线描画中点线面的组合，注意画面的完整。
2. 可提供一些蔬菜、肉类等食物图片，方便幼儿观察、模仿。

（一）环境解读

《国王生病了》的故事引发了幼儿的思考，他们纷纷提出也要有自己的一份运动计划表，于是，跑步、拍球、跳马等一系列自己喜爱的运动项目纷纷陈列在表格中。教师将表格以立体的方式展现，既让幼儿体验到动手参与的乐趣，又能让幼儿在一日生活中通过观察、比较，直接感知，不断丰富感性经验，为主题活动的进一步深入开展奠定了基础，充分体现了幼儿的参与性。

(二)相关活动

健康活动：我的运动计划表

★ 活动目标

1. 知道锻炼是增强体质的有效途径，能合理制定自己一周的运动计划。
2. 能用粘贴、画图的形式表现运动计划表。

★ 活动建议

1. 教师设计一张自己的运动计划表，并向幼儿介绍。
2. 幼儿自由交流自己喜欢的运动的名称、玩法、有趣的故事等。
3. 讨论：什么样的人需要运动？
4. 每一位幼儿完成一份"运动计划表"。

(三)区角游戏

运动区：自制体育玩具

发展指向

能利用身边的资源自制体育玩具，并设计玩法。

材料呈现

纸筒、纸板、布等。

玩法介绍

1. 师幼一起将纸筒切割、拼接，制作小木马，纸板装饰上彩色即时贴，制作跳房子拼版；用布和棉花制作沙包。
2. 小木马：幼儿骑在木马身上，可进行跳、骑。跳房子：可用不同方式拼接颜色拼板，如：横着、竖着，或者不规则的方式，然后幼儿用单脚、双脚、跨越等方式进行游戏。
3. 玩具可组合，玩法可多样。

指导要点

关注幼儿在动作练习中对材料的探索，鼓励和帮助幼儿自制玩具，提示幼儿一物多玩。

（资源提供：无锡市惠山区实验幼儿园）

主题四 奇妙的信

一、主题说明

　　信是人类用来交流思想的一种方式，也是人类生活中一种重要的交流工具。幼儿在以往的生活中，已经有了关于信的朦胧经验，但随着现代科技的迅速发展，通讯设备的不断更新，信作为一种传统又有着特殊价值的沟通渠道，是十分值得幼儿接触与了解的。"奇妙的信"主题活动将带领他们进一步体验、探索信的奥秘，由了解传统信的传递方式，进而体验用现代科技沟通的便捷。

二、空间规划

　　我班活动室是南北开阔的长方形房型，根据主题实施的需要，在室内南北两边共创设了四个角色区，具有商业化特色的"加工厂"与"手机店"并列在一侧区域中；"快递员"能从"加工厂"顺利提取包裹给他人，短距离的路程更体现了快递的迅速化特征；"邮局"与"娃娃家"成了好邻居，"娃娃家"成员寄信方便又快捷；而十分热闹的"金宝贝舞台"被安排在活动室外走廊上，孩子们尽情的表演不会给其他区角游戏带来干扰，独立的空间能给幼儿增添更多的自信与快乐！

　　活动室中间设置了美工区、数学区、益智区等，既独立又相辅相成。尤其是美工区，有的活动内容是与"加工厂"相呼应的，安排在它旁边相得益彰。而相对安静的阅读区安排在娃娃家旁边，在温馨宁静的氛围中，方便"娃娃家"成员来阅读。

三、主题环境与课程活动

活动列表

主题环境	相关活动	区角游戏
主题环境一：邮局一瞥	社会活动：参观邮局 音乐活动：邮递员叔叔 体育活动：小小邮递员	角色区：邮局 数学区：小小邮递员 益智区：给小动物送信
主题环境二：写给小动物的信	语言活动：小猫和小狗的信 综合活动：给小动物写信	美工区：我设计的信封
主题环境三：热闹的玩偶家族	美术活动：信封玩偶	表演区：金宝贝舞台 美工区：信封玩偶
主题环境四：送信啦	语言活动：给熊奶奶读信 美术活动：漂亮的小树	语言区：写给好朋友的信
主题环境五：给爸爸妈妈的一封信	社会活动：各种各样的邮票 美术活动：漂亮的邮票（绘画）	美工区：小小设计师 数学区：邮票排序、比大小 益智区：拼图 阅读区：集邮册
主题环境六：现代通信工具	实践活动：参观手机店 科学活动：通信的演变 科学活动：方便的通信	美工区：巧手坊 语言区：邮件来了 绘画区：大家来点赞 益智区：发红包啦！ 角色区：贝儿手机店 贝儿包装间 贝儿快递 有你真好

主题环境与课程活动脉络图

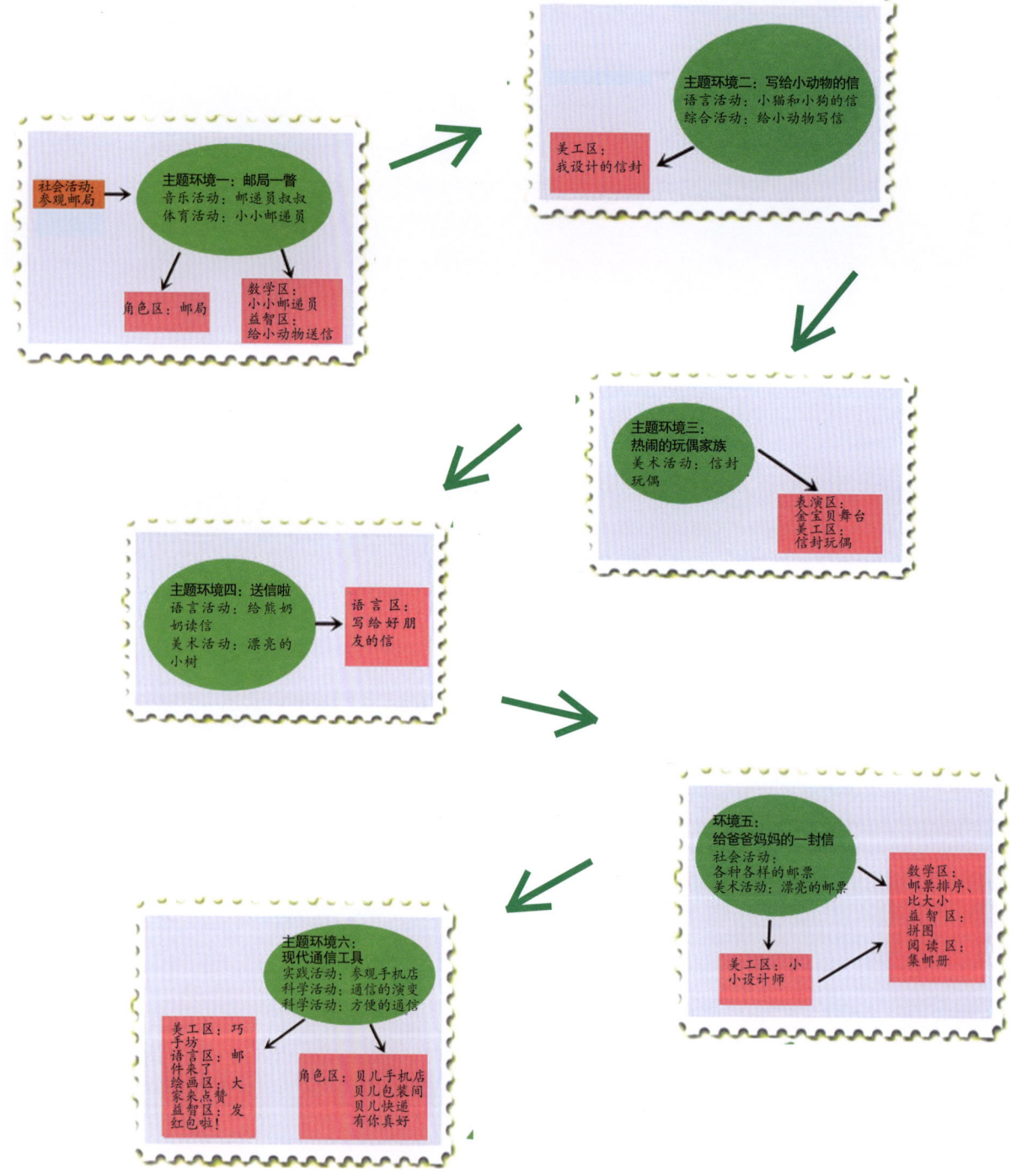

（一）环境解读

在实施本主题活动时，我们充分利用周边的社区资源——邮局，让幼儿在参观的过程中认识邮局的标志、邮筒、邮车及邮局工作人员的工作，了解信、包裹的收寄过程等方面的信息。

幼儿从参观邮局到家园共同收集有关信的资料后，对信产生了浓厚的兴趣，知道了信的用途、邮筒的作用，我们将这些用照片、绘画的形式展示在环境中。由此，参观邮局的墙面环境创设诞生了。

主题环境一
邮局一瞥

（参观邮局）

（认识邮筒）

（认识邮递车）

(写信)

（寄信）

（向邮递员阿姨咨询）

（报纸分类）

(盖邮戳)

（二）相关活动

社会活动：参观邮局

★ 活动目标

通过观察邮局，进行讨论，了解邮局的工作，探索邮件传递的过程。

★ 活动建议

1. 出示报纸、信，让幼儿猜猜这是谁送来的。
2. 参观前提出的要求。带领幼儿参观时，引导幼儿观察邮局建筑物的颜色与特征。
3. 带领幼儿依次参观邮局工作人员的工作。
4. 小朋友集体尝试贴邮票，寄信（事先在信封上写好幼儿园的地址）。

音乐活动：邮递员叔叔

★ 活动目标

学唱歌曲，唱准歌曲旋律，唱清歌词。

★ 活动建议

1.出示PPT图片，让幼儿认识邮递员与邮递车，提问："你认识他吗？他是做什么工作的？"

2.讨论：邮递员叔叔除了送信还送什么？你觉得邮递员叔叔的工作怎么样？你想对他说什么？

3.教师：我们一起把邮递员送信送报的事情唱到歌曲里吧！

体育活动：小小邮递员

★ 活动目标

学习骑自行车，并一一对应将信送到相应的小动物筐里。

★ 活动建议

1.让幼儿背好自制的邮包，看清"信封"上的内容，为放入邮包做准备。

2.以竞赛的形式进行，骑自行车将"信"送入对面的小动物筐里。

（三）区角游戏

角色区：邮局

发展指向

进一步增进对邮件处理、运输过程的认识和了解，在游戏中了解寄信的步骤。

材料呈现

角色道具：

1.用无纺布剪出"中国邮政"标记，贴在绿色布条上，两边用纸棍固定，并扣在灌满沙子的奶粉罐里，做成邮局招牌。

2.用大小不同的纸盒、黄绿色彩纸等制作邮筒、邮差包、邮差帽。

幼儿操作材料：使用过的邮票、信封、画纸、记号笔、蜡笔、胶水等。

玩法介绍

幼儿按"邮局"游戏内容自主分配角色进行活动，建议一人做邮递员，四人写信。

指导要点

在游戏过程中，教师通过观察，以写信人、收信人的不同身份进行隐性指导，进一步推进幼儿游戏的进程。

数学区：小小邮递员

> **发展指向**

进一步学习10以内的相邻数，能找出指定数字的相邻两数之间的数量关系。

> **材料呈现**

1. 用KT板做彩色楼房，并用长方形彩纸标明10以内数字的楼层。
2. 从废旧图书上剪下小动物图片，标上不同的数字，作为小小邮递员要送的信。
3. 小纸盒作邮筒。

> **玩法介绍**

每位幼儿就是小小邮递员，在中间的邮筒里随意拿一封信（一张标有数字的小动物图片），放在相应的楼层上，然后再找与它相邻的数，以此掌握序数和相邻数。

> **指导要点**

1. 提醒幼儿送小动物回家时，可从底下第一层开始。
2. 指导幼儿观察送小动物回家的楼层数字是几，再想一想比这个数字多1的是几或者少1的是几。

益智区：给小动物送信

> **发展指向**

1. 认识生活中的一些标记，知道标记的实际意义。
2. 体验合作玩游戏的乐趣。

> **材料呈现**

1. 根据飞行棋的样式，用纸板绘画、涂色自制棋盘，中间画一个邮筒。
2. 在棋盘上的格子里黏贴一些常见的标记，如：安全出口、禁止吸烟、红绿灯、人行道等图片。
3. 骰子一个，四种颜色的瓶盖各一个，每个瓶盖上贴一种小动物图片。
4. 小红花贴纸若干。

> **玩法介绍**

四人一组进行游戏。游戏时，持红盖子的幼儿先掷骰子，如果掷骰子掷到6，就可以从自己家里出发。路上遇到"常见标记"后，说对的连跳两格，说错的倒退两格。谁先把信送进邮筒就算胜利完成任务，奖励红花一朵。没送到的幼儿继续送，从而排出2、3、4名。

> **指导要点**

1. 掷骰子掷到6代表准备出发，之后可以再掷一次，根据掷到的点数前进。如果没有掷到6是不能出发送信的。
2. 学会按顺序轮流掷骰子，并根据自己所得的点数前进相应的格子。

主题环境二
写给小动物的信

（一）环境解读

在语言活动"小猫和小狗的信"中，幼儿爱上了独特的写信方式，于是就生成了综合活动"给小动物写信"，同时进行相应的墙面环境创设。这是幼儿第一次尝试给小动物写信，话里行间透露着对小动物的关心与爱护。

（二）相关活动

语言活动：小猫和小狗的信

★ 活动目标

学会阅读用绘画形式表现的小猫和小狗的信，了解写信的格式，理解信的内容。

★ 活动建议

1. 欣赏故事，初步了解阅读内容。

①教师出示小猫给小狗的信，提问：你知道小猫在信里说了些什么？

②师幼共同阅读小狗的信，提问：小狗对小猫说了些什么？

2. 教师将小猫和小狗的信展示在黑板上，共同阅读，了解写信格式，知道信的前面形象表示收信人，信的后面形象表示写信人；信的内容可以用图画和箭头表示；时间用太阳、星星、月亮表示。

综合活动：给小动物写信

★ 活动目标

学习用图画的方式给小动物写信，表达自己的想法与愿望。

★ 活动建议

1. 师生共同阅读《小猫和小狗的信》，进一步了解画图写信的格式。

2. 教师引导幼儿交流：你想给小动物写信吗？你想对你自己喜欢的小动物说些什么呢？你会怎么写呢？（信的前面、信的内容、信的后面分别画些什么）

3. 幼儿操作后，师幼共同交流个别幼儿写给小动物的信，引导幼儿理解画图写信的格式。

（三）区角游戏

美工区：我设计的信封

发展指向

1. 能自主选择材料，选用不同的方法设计出不同风格的信封。
2. 将花纹设计在信封合适的位置上，并留有相应的空白。

材料呈现

1. 师生共同收集的各种各样的信封。
2. 纸团、颜料盘、胶水、双面胶、剪刀、彩纸、皱纹纸、蜡笔等。

玩法介绍

幼儿自由选择工具材料，在信封上装饰：用纸团印画，用彩纸剪贴，用蜡笔绘画等。

指导要点

1. 在幼儿操作中，教师及时鼓励幼儿新的创意表达。
2. 提醒幼儿可以在信封的四个角、四条边或上下、左右、对角装饰。

（一）环境解读

随着主题活动的实施，班级里出现了许多信封，幼儿自己动手做起了信封玩偶，他们用信封玩偶一起编故事，还将信封玩偶展示在走廊的墙面上，创设了"热闹的玩偶家族"。看，"玩偶家族"里的故事多生动！

主题环境三
热闹的玩偶家族

（二）相关活动

美术活动：信封玩偶

★ 活动目标

1.综合运用剪、贴、折、画等方法制作信封玩偶。
2.能合理创作手偶的五官及不同的脸部表情。

★ 活动建议

1.出示信封娃娃范例，与幼儿打招呼，导入活动。
2.引导幼儿观察范例：这些信封玩偶是怎么做的？（师幼探讨制作手偶的方法）
3.交流创作的思路。
教师：你想设计一个什么样的信封玩偶？（针对幼儿的回答，教师进行简单的提炼）
4.幼儿创作，教师巡回观察，给予一定的建议指导。

（三）区角游戏

表演区：金宝贝舞台

发展指向

1.能根据自己信封玩偶上的动物形象特点，创意表演各种节目。
2.有一定的想象力、口语表达能力与表现能力。

材料呈现

幼儿用废旧信封、彩色纸、记号笔、蜡笔、双面胶进行绘画、剪贴成各种简单的小动物形象。

玩法介绍

两人当主持人，轮流进行主持，邀请"嘉宾"进行信封手偶表演。如编故事、歌曲、儿歌等等。

指导要点

1.教师可以以主持人的身份参与游戏，通过示范，引导小主持人学说简单的主持台词。
2.教师可以以表演者的身份参与游戏，通过示范，帮助幼儿打开表演思路，使表演内容更加丰富多彩。
3.教师可以以观众的身份参与游戏，通过鼓掌、表扬的话语，帮助表演者树立自信，调动幼儿游戏的积极性。

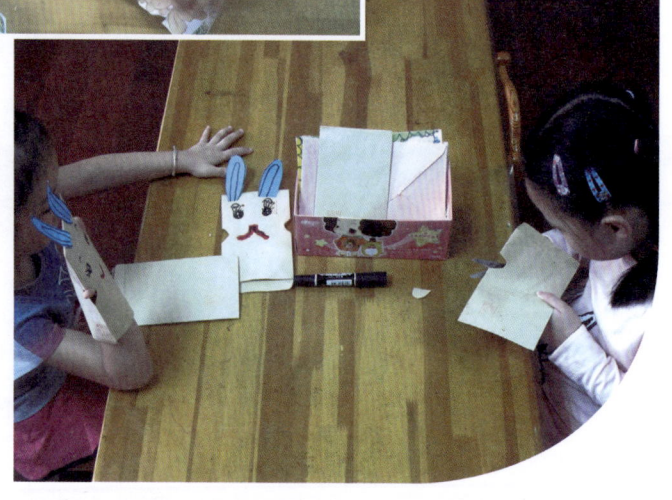

美工区：信封玩偶

> 发展指向

继续学习运用剪、贴、折、画等方法制作动物形象的信封玩偶。

> 材料呈现

幼儿操作材料纸（可选择一些手工书）、各种信封、剪刀、彩纸、画纸、记号笔、蜡笔。

> 玩法介绍

玩法一：根据手工书的图案，将玩偶剪下，并粘贴在信封的相应位置。

玩法二：先将信封进行装饰，然后在画纸上画上动物的头饰，贴在信封上做成动物玩偶。

> 指导要点

(1) 提醒能力弱的幼儿可以根据手工书进行操作。

(2) 鼓励幼儿大胆想象，创作，表现不同的动物玩偶形象。

（一）环境解读

幼儿用画笔大胆表现美丽的高楼大厦，作为大马路上的背景图；他们用报纸团一团、粘一粘、画一画的方法制作的立体小树，成为热闹的马路上不可或缺的绿色环保标志。而在语言活动"给熊奶奶读信"中，他们不仅愿意给小动物写信，还喜欢给好朋友、爸爸妈妈写信，并不断交流自己的写信内容。看，区角游戏时，"小小读信员"正在给同伴们读自己的信呢！

主题环境四
送信啦

（二）相关活动

语言活动：给熊奶奶读信

★活动目标

看图阅读，用连贯的语言讲述信的内容，了解正确的写信格式。

★活动建议

1. 活动开始，由一名教师扮演"熊奶奶"，另一名教师扮演"邮递员"，歌曲导入，把信送到"熊奶奶"的手里。

2. 请个别幼儿阅读《小熊给奶奶的信》。

3. 教师引导幼儿探索如何写信和读信。

（1）交流：信的开始部分写什么？中间写什么？信的结束部分还要写什么？

（2）师幼共同读信：这些图画、标记表示什么意思呢？我们先读什么？再读什么？

4. 活动延伸：给好朋友写信，也可读一读好朋友给自己的信。

美术活动：漂亮的小树

★活动目标

在画好的小树轮廓线内用废旧报纸团一团、粘一粘的方法，制作小树。

★活动建议

1. 教师出示范例，引导幼儿观察交流：这棵小树是用什么材料做成的？怎么做的？

2. 教师出示废旧报纸，让幼儿用团一团、粘一粘的方法，在小树的轮廓线内粘贴，最后用绿色与咖啡色颜料给小树"穿衣服"。

（三）区角游戏

语言区：写给好朋友的信

发展指向

能将信上的标记与动物匹配，正确地表达信上的内容。

材料呈现

1. KT板做的迷宫图，图上贴有不同的小动物标记。
2. 用彩纸自制的"小信封"若干。
3. 提供幼儿可自制的材料：画纸、记号笔等。
4. 用两个瓶盖与一根小棒，上下粘贴，做成走迷宫图的"棋子"。

玩法介绍

1. 两人一组进行游戏，一位幼儿当"邮递员"，另外一位幼儿当写信的小朋友。
2. 游戏开始，写信的幼儿将写好的"信"装在一个信封里，放在"棋子"上，"邮递员"根据信封上的标记，走迷宫把信送到相应的小动物那里，然后帮助小动物"读信"，读对了，得一个笑脸贴纸。最后两人交换游戏。看谁得到的笑脸贴纸多。

指导要点

1. 在游戏中，鼓励幼儿给不同的小动物写信，信得内容与该小动物相关。
2. 教师在旁以"裁判"的身份提醒幼儿用完整的话表达信的内容，掌握正确的读信方法。

（一）环境解读

家长园地是家园联系的一条特殊纽带，它能让家长从中阅读了解到最新的教学动态、保健知识、主题内容、幼儿成长情况。幼儿做的信封玩偶成为了家长园地的靓丽点缀，他们还用稚嫩的小手创意设计出邮票作为四个栏目边框：爱学习、爱关注、爱健康、爱秀秀，它显示着对幼儿的教育如同邮票一样珍贵，更需要家长朋友们的密切关注与呵护。

主题环境五
给爸爸妈妈的一封信

（二）相关活动

社会活动：各种各样的邮票

★活动目标

初步了解邮票的特征和用途。

★活动建议

1.引导幼儿观察邮票。

教师：这是什么？邮票是什么样子的？邮票上有什么？

2.讨论：邮票有什么用？

3.引导幼儿欣赏邮票，并向幼儿介绍邮票上的图案很美，内容很丰富，有些邮票的数量很少，所以有些人喜欢集邮，把一些好看的、有趣的邮票放入集邮册，这样既可以欣赏到邮票中漂亮的图案，又可以学到很多知识。

美术活动：漂亮的邮票

★活动目标

根据邮票的特征，尝试设计自己喜欢的邮票。

★活动建议

1.导入活动，欣赏各种不同风格的邮票。

2.激发幼儿的设计愿望。

教师：如果请你来设计邮票，你想设计一张怎样的邮票呢？上面会有些什么呢？

3.相互欣赏，自制邮票展览。

（三）区角游戏

美工区：小小设计师

发展指向

根据邮票的特点，设计与表现邮票的画面，并标上一定的"分值"。

材料呈现

空白的邮票边框、记号笔、蜡笔。

玩法介绍

幼儿根据提供的材料自主设计邮票图案、不同分值的邮票，并将设计制作的邮票贴在自制的集邮册中，放图书区供大家阅读和欣赏。

指导要点

1. 教师提醒幼儿在绘画时，要将主要内容表达出来，可以是动物，也可以是植物或景物等。

2. 注意画面的布局，涂色要均匀，可以用渐变色等。

数学区：邮票排序、比大小

发展指向

通过排序、比大小，正确感知10以内的数。

材料呈现

将幼儿自制的邮票粘贴在薄的硬纸板上，剪成一张张游戏牌。

玩法介绍

1. 一人游戏或两人游戏。

2. 排序游戏时，比比谁排得又快又对。

3. 比大小时，看谁最终赢得的牌最多，以此为胜。

指导要点

1. 提醒幼儿排序时，要从左边开始。

2. 在比大小时，比过的牌要放在后面。两人同时出牌，不可随意挑牌。

益智区：拼图

发展指向

能细致地观察不同切面的图案，按照一定的方法进行组合。

材料呈现

将幼儿自制的邮票粘贴在薄的硬纸板上，每一张剪切分割成多张游戏牌（有的四块、有的六块、有的八块等）。

每一张邮票分割后，要在背面贴上数字。一张邮票以一个数字为代表。如：分割四块，就在背面写上4个4。

玩法介绍

幼儿先将背面数字相同的图片拿齐，然后观察图案进行拼图。

指导要点

1. 为了提高游戏的趣味性，可以两人竞赛，或多人竞赛。
2. 能力弱的幼儿进行四块拼图游戏，能力强的幼儿可进行多块拼图游戏。

阅读区：集邮册

发展指向

1. 了解不同图案、不同分值的邮票，并在交流中提升对邮票的认识。
2. 感受与同伴分享阅读的快乐。

材料呈现

将幼儿自制的邮票、生活中共同收集的邮票做成一本本集邮册。

玩法介绍

在自由活动或游戏活动时，共同阅读集邮册。

指导要点

幼儿在阅读时，教师以一些启发性的提问，引导幼儿观察、思考、交流，拓展幼儿的认知。

主题环境六
现代通信工具

（一）环境解读

在一次自由活动时，一群幼儿都围着墙饰相互交流着自己写的"信"，来自山东的曼妮小朋友对同伴说："如果我想姥姥了，就给她打电话，比写信更快！""我上次还在微信上跟舅舅聊天呢！"……简短的对话，引发了我们的思考，在现代通信设备渐渐取代写信这种交流方式的前提下，我们如何秉承传统，并融入现代元素呢？于是我们生成新的活动"参观手机店"，幼儿进入手机店，像个小大人似的，问营业员有关手机的信息，不仅扩大了眼界，也增进了社会交往能力。在此基础上，我们还将问题抛给幼儿，"在现代的通信中，到底有哪些通信方法呢？哪种更方便？人们最喜欢用什么样的通信方式呢？"……一系列的问题引发了幼儿的调查、统计，让幼儿了解了更多的现代通信知识，也感受到现代通信的先进性、便捷性。

（二）相关活动

实践活动：参观手机店

★ 活动目标

了解自己身边的新事物——手机，乐于主动搜集新的信息，喜欢和同伴交流分享。

★ 活动建议

1. 教师带领幼儿参观手机店，提出参观要求。
2. 幼儿观察手机店的门面装饰。
3. 充分利用手机店的人力资源。鼓励幼儿主动与营业员交流，寻找自己想要的答案。建议提以下问题：这个手机叫什么名字？它有哪些功能？
4. 回园后与同伴分享经验。

科学活动：通信的演变

★ 活动目标

通过调查、交流、讨论等方式，了解通信的演变，感受现代通信的便捷性。

★ 活动建议

1. 谈话导入：如果现在你有事找爸爸妈妈，可以通过什么方式让爸爸妈妈知道呢？
2. 教师：在很早的时候，人们还没有电话与手机，他们是用什么方法让对方知道的呢？
3. 幼儿出示调查表，把自己与爸爸妈妈的调查发现与大家一起分享。
4. 通过PPT图片，教师与幼儿一起观看、交流通信的发展历程。（由古代的马车、鸽子到现代的电话、电脑）

科学活动：方便的通信

★ 活动目标

初步感知和探索现代生活中常见的通讯工具，感受它们给人们生活带来的方便。

★ 活动建议

1. 音乐活动导入："邮递员叔叔"。
   教师提问：邮递员叔叔要做哪些事情？
2. 师幼交流：现在我们要和远方的朋友、亲戚说一件事，除了写信、电话，还可以用哪些方式呢？
3. 两名教师一起进行情境表演：QQ聊天、微信，也可以让个别幼儿与老师一起体验。
4. 通信工具大调查：你最喜欢哪一种通信工具？在相应的一栏里贴上红苹果。

（三）区角游戏

美工区：巧手坊

发展指向

学习用各种废旧材料，通过画画、剪剪、贴贴的方式，制作手机与电脑的基本形状。

材料呈现

1. 手机制作材料：废旧长方形蜡笔盒、黑色卡纸、白纸。
2. 电脑制作材料：长方形硬纸板、黑色颜料、毛笔、白纸、旧扑克牌。
3. 其他辅助材料：剪刀、双面胶、蜡笔。

玩法介绍

1. 制作手机时，先用白纸将废旧长方形蜡笔盒包起来，再用黑色卡纸剪一个小长方形，粘贴在被包好的蜡笔盒的宽的一面，作为手机的屏幕，最后用蜡笔在"手机"的前后进行个性化设计（贴膜）。
2. 制作电脑时，先用黑色颜料将长方形硬纸板刷上一层黑色，然后用剪刀将旧的扑克牌上的数字以小方块的形状剪下，并将白纸也剪成一个个小方块，画上一些键盘上的特殊符号，逐个粘贴在黑色的硬纸板上，作为电脑的键盘。

指导要点

1. 鼓励幼儿在给手机进行个性化设计时，要充分发挥想象，用图案或对称的方式进行装饰。
2. 在制作电脑键盘时，幼儿只要用自己看得懂的符号进行绘画制作就可以了。

（发邮件）

（收邮件）

（开邮件）

（读邮件）

语言区：邮件来了

> **发展指向**

知道简单的收发邮件的过程，体验收邮件、读邮件的快乐。

> **材料呈现**

1. 利用废旧纸盒、纸箱、旧键盘、旧扑克牌等材料制作电脑。
2. 旧信封、画纸、记号笔、蜡笔。

> **玩法介绍**

1. 两人一组进行游戏。
2. 一位幼儿先将写好的"信"装入信封，然后点击"邮件"，提醒对方"你的邮件来了"，另外一位幼儿取出"邮件"，打开以后看着信上的内容读一读，读对了，奖励一个五角星标记。幼儿可交换角色游戏。

> **指导要点**

游戏开始时，教师提醒幼儿可以先画一些信，表达你想对好朋友说的话，然后再进行游戏。

绘画区：大家来点赞

发展指向

练习画正面人物的动态或看到的事物，简单表达自己的想法。

材料呈现

1. 薄硬纸板、彩色纸、记号笔。
2. 用薄硬纸板做成手机的形状。

玩法介绍

1. 多人进行游戏，其中一位幼儿画自己的"动态"。
2. 其他幼儿可根据自己的喜好，绘画爱心与QQ表情，剪下后，在该幼儿的"动态"下面点赞。游戏角色可交换。

指导要点

教师鼓励幼儿画的"动态"是多方面的：如幼儿园活动的、自己平时看到的事物，电视上的卡通人物，动物园的动物等等。

益智区：发红包啦

> 发展指向

1. 能正确地判断画面上每种图形的数量，并用相应的数字表示。
2. 感知相邻两数之间多与少的数量关系。
3. 能用正确的语言表达节日的祝福。

> 材料呈现

1. 废旧红包、KT板做的手机。
2. 有关图形与相邻数的操作卡若干。

> 玩法介绍

1. 两人一组进行游戏。
2. 游戏开始，大家都用手机选择一个节日"发红包"。一位幼儿先将"红包"发给另一位幼儿，另一位幼儿收到"红包"后先说一句祝福的话，然后打开"红包"，根据上面的操作题进行表述，正确者得一个五角星标记。
3. 游戏中可互换角色。最后谁得到的五角星多为胜。

> 指导要点

教师提醒幼儿在游戏时要商量好谁先发红包，学会友好地合作。

角色区：贝儿手机店

发展指向

能有礼貌地向客人介绍自己手机的优点。

材料呈现

1.手机材料：幼儿自制的手机（材料同美工区：巧手坊）。

2.师幼共同收集的废旧手机。

3.角色标记：用硬纸板裁成条状做帽子，并粘贴上手机的图片。

4.用废旧布做工作人员脖子里的小围巾。

玩法介绍

幼儿自由分配角色：两位营业员、一位收银员。当顾客来购物时，营业员会主动打招呼，并介绍自己的产品。

指导要点

教师以游戏角色的身份参与指导，用提醒、示范的方法，让营业员学习在没有客人的情况下，通过店外宣传的方式，吸引顾客来购买。

角色区：贝儿包装间

发展指向

练习系蝴蝶结的方法，练习小肌肉的动作。

材料呈现

生活中各种大小纸盒，包装纸等（如：包花纸、塑料纸、彩纸），丝带若干。

玩法介绍

先用各种包装纸将大小纸盒包住，然后用丝带系成蝴蝶结，点缀在纸盒外。

指导要点

教师帮助幼儿掌握系蝴蝶结的方法。

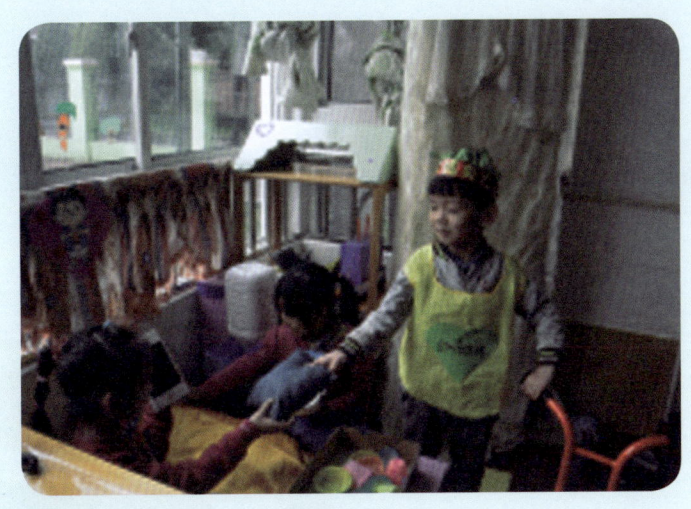

角色区：贝儿快递

▶ **发展指向**

能按客人的需求，正确取放快递。

▶ **材料呈现**

1. 幼儿用各种废旧材料制作的包裹。
2. 玩具小自行车。
3. 快递帽子制作材料：蛋糕盒子上的硬纸板、绿色软皮、双面胶。
4. 快递衣服制作材料：黄色布、绿色彩纸、双面胶。

▶ **玩法介绍**

小小快递员接到"娃娃家"客人电话，骑小车到"贝儿快递"取包裹，然后送到客人手中。

▶ **指导要点**

游戏时，鼓励"娃娃家"成员根据自己的游戏内容或游戏情节（如：娃娃过生日、给XX买新衣），主动打电话给快递工作人员，丰富游戏情节。

角色区：有你真好

发展指向

能按游戏情节进行QQ视频聊天，感受现代通讯的便捷性。

材料呈现

1. 将硬纸盒切割镂空，并在一个边角上贴上QQ标记。
2. 幼儿自制的手机（材料同美工区：巧手坊）。

玩法介绍

在玩娃娃家游戏时，可以用自制的电脑与朋友、亲戚聊天，扩大游戏角色范围。

指导要点

教师以游戏角色的身份参与指导，主动与娃娃家成员进行QQ视频或微信聊天，发展幼儿的语言表达能力。

（资源提供：无锡市查桥中心幼儿园）

主题五 养蚕记

一、主题说明

　　四月的一天，楠楠的妈妈给我们发来了消息。原来，楠楠想带一些蚕宝宝来班级内饲养。幼儿得知这个消息很兴奋，开始了热烈的讨论，并着手为蚕宝宝的到来做准备。中班的幼儿对于自然界的生命有着强烈的探究欲望，对蚕宝宝有着浓厚的兴趣。随着蚕宝宝的到来，他们帮蚕宝宝找家、照顾蚕宝宝、记录蚕宝宝的成长、进行蚕宝宝的游戏，这一系列的活动，自然地生成了一个以蚕宝宝为主角的主题。在与蚕宝宝近两个月的共同生活中，他们亲历了探究过程，获得了有关蚕宝宝的相关经验，萌生了爱心、同情心和责任心。同时幼儿通过资料收集、细致观察、动手记录、语言交流、合作学习等方式，在空间思维、科学探索、语言与艺术的表达等方面得到了发展。

二、空间规划

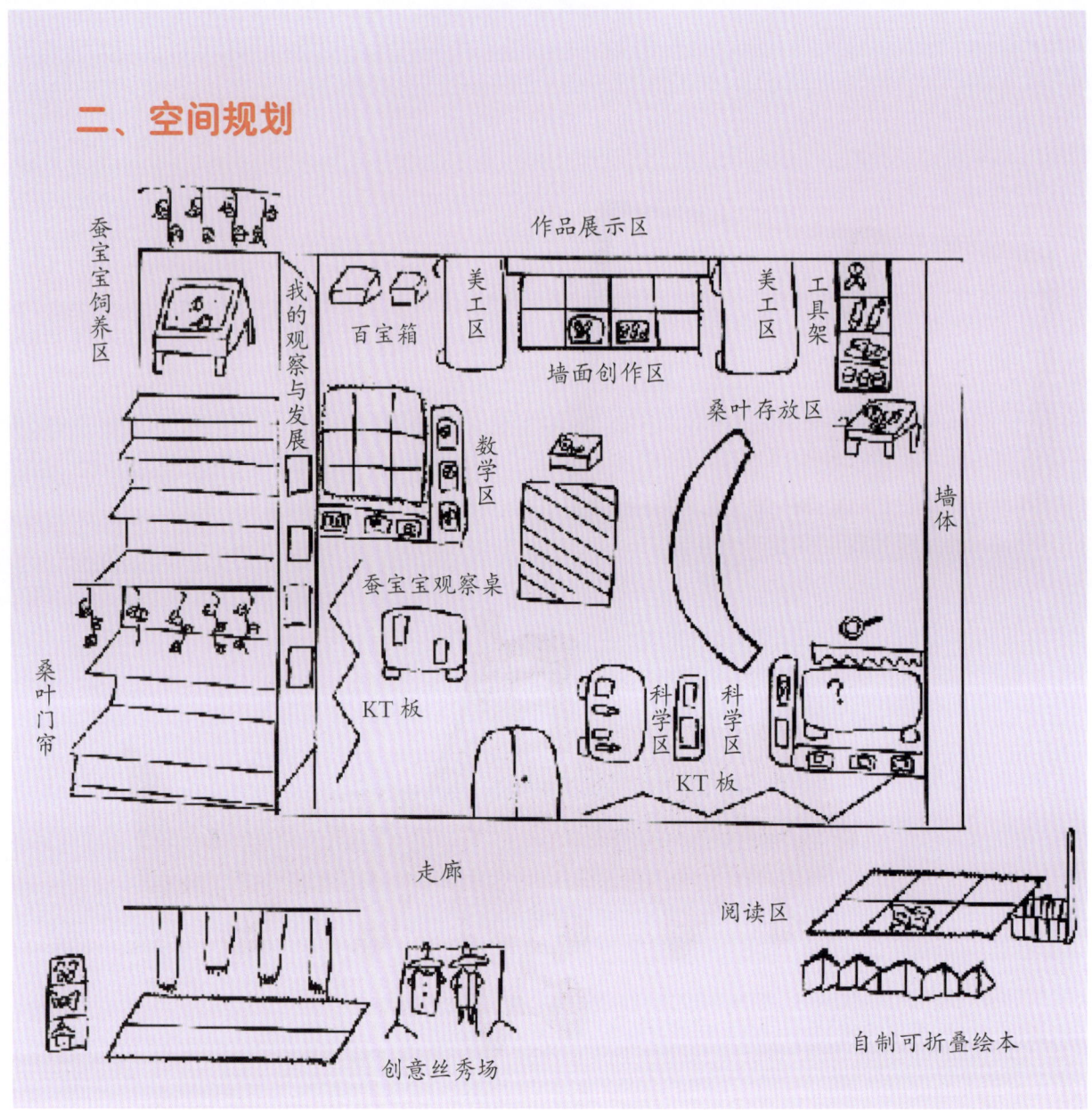

　　我班的活动室是规整的长方形，活动室外有一条长长的走廊，走廊一端有一处楼梯平台。结合我班"养蚕记"主题活动的开展，我们和幼儿一起对空间进行了规划调整。由于蚕宝宝的特殊性，经过商议，我们将蚕宝宝的家安放在楼梯平台处，作为饲养区。室内新置流动区角"益智区"，幼儿可根据游戏人数的多少自主选择空间进行游戏，尽可能地利用活动室内的剩余空间；科学区和数学区的位置不变，区角内的置物柜和KT板，既可用以立体柜面操作和展示，也变成了区角与集体活动区之间的隔断；同时，这两个区域的地面空间可以放置地垫，以满足幼儿进行大型操作游戏的需要；美工区空间重新调整为半封闭式，更方便幼儿进行游戏，美工区上方的白色空墙成为了幼儿展示蚕宝宝创意画的展台。将走廊上的"小吃店"调整为"创意丝秀场"，包含"丝制品造型"与"秀一秀"两块场地；室内的阅读区搬至走廊角落的安静处，光线更充足，可展示自制的大型蚕宝宝绘本。

三、主题环境与课程活动

活动列表

主题环境	相关活动	区角游戏
主题环境一：我的问题	科学活动：猜猜它们是什么 谈话活动：我对饲养蚕宝宝的问题	数学区：蚕蚕乐翻天 美工区：蚕蚕问题卡
主题环境二：蚕宝宝的家	综合活动：给蚕宝宝安家	数学区：看谁拍得快 美工区：桑叶挂帘
主题环境三：蚕宝宝资料大收集	谈话活动：蚕宝宝资料交流会 音乐活动：快乐的蚕宝宝	益智区：拯救蚕宝宝 数学区：蚕宝宝找家
主题环境四：蚕宝宝成长记	美术活动：会变的小蚕 体育活动：我学蚕宝宝	科学区：蚕宝宝的一生 美工区：纸浆蚕宝宝 阅读区：蚕宝宝的故事
主题环境五：我的观察与发现	美术活动：巧制蚕宝宝 综合活动：蚕宝宝，用途大	表演区：创意丝秀场 饲养区：蚕宝宝的秘密

主题环境与课程活动脉络图

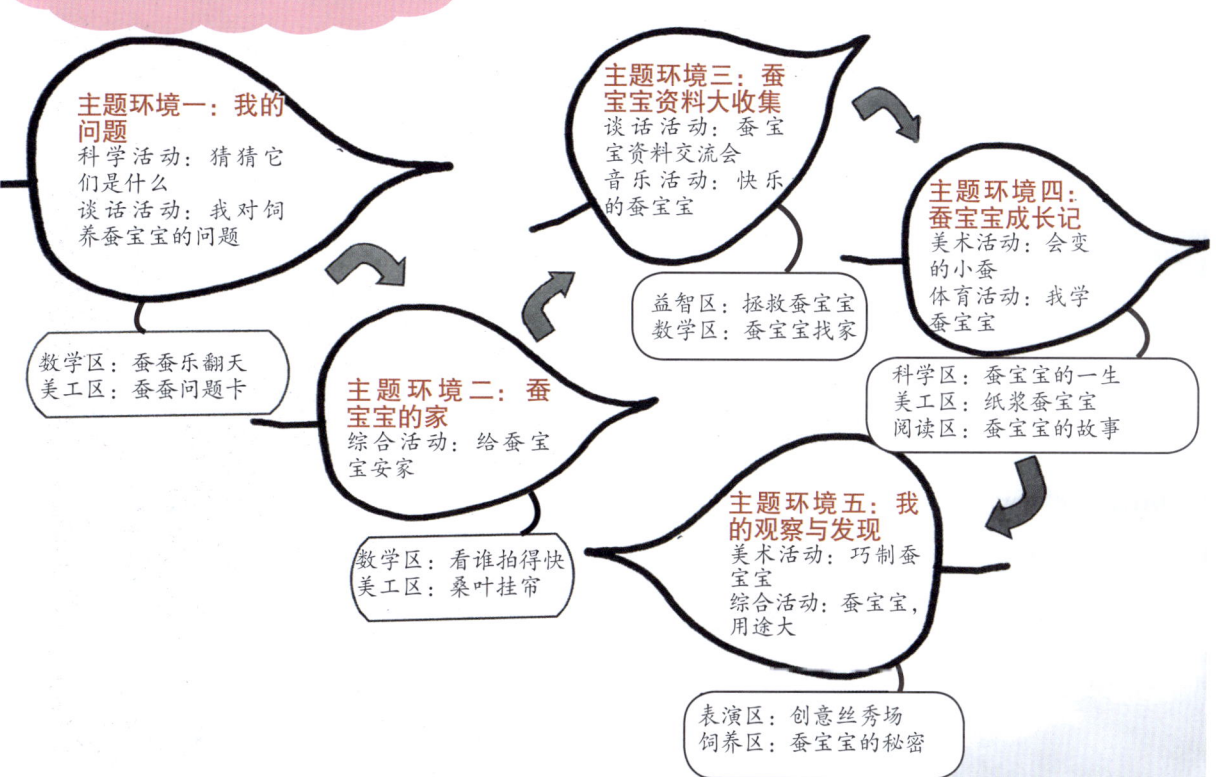

（一）环境解读

幼儿大多缺乏饲养蚕宝宝的经验，好奇心驱使他们展开了讨论："蚕宝宝喜欢吃什么呢？""蚕宝宝怎么走路呢？"……幼儿争先恐后地提出了关于蚕的习性、成长外貌特征等各种各样的问题。在这一主题墙中，他们用绘画的方式形象地提出了自己的问题，并且用自己的方式进行布置。于是，在幼儿的手中，三条"带着问题"的蚕宝宝就出现啦！

主题环境一
我的问题

（二）相关活动

科学活动：猜猜它们是什么

★活动目标

通过图片观察，初步认识二龄蚕的外形特征，并用恰当的语言来描述。

★活动建议

1.以二龄蚕的图片导入，提问：请猜一猜它们是谁？

2.引导幼儿观察图片，请幼儿说一说蚕宝宝是什么颜色的，它们长得像什么，它们在干什么。

3.猜猜蚕宝宝喜欢吃什么，喜欢住在哪里。鼓励幼儿回家收集相关资料。

谈话活动：我对饲养蚕宝宝的问题

★活动目标

通过讨论与交流，说一说自己关于蚕宝宝的问题。

★活动建议

1.以问题"你认识蚕宝宝吗？你想知道哪些关于蚕宝宝的知识呢？"导入，教师引导幼儿讨论交流，说说自己想要了解蚕宝宝的哪些方面。

2.小组讨论：请幼儿分小组讨论以上问题，鼓励幼儿大胆交流、猜测。

3.集体讨论：你可以用什么方法来找到这些问题的答案呢？

（三）区角游戏

数学区：蚕蚕乐翻天

▶ **发展指向**

巩固10以内数物匹配，喜欢和同伴合作进行游戏。

▶ **材料呈现**

大骰子：用盒子做出一个大骰子，每面分别写上数字1-6。
操作盒：四个冰盒，里面放上数字底卡若干张。
操作材料：四色、彩色蚕宝宝图卡。

▶ **玩法介绍**

可以2-4名幼儿共同进行游戏，每名幼儿一个冰盒。玩法为轮流掷骰子，掷到几就在自己的盒子中放几只相应数量的蚕宝宝，幼儿需要时刻注意自己的盒子中有几只蚕宝宝，当盒子里蚕宝宝的数量与盒子上的数字匹配时，就拿出盒子里的蚕宝宝换取一个彩色蚕宝宝，同时拿走冰盒中的一张数字卡。在规定时间内谁换取的彩色蚕宝宝多则赢。

▶ **指导要点**

1. 在游戏过程中，幼儿一开始对于数物匹配后换取彩色蚕宝宝不够理解，可以发挥同伴帮助效应，让已经掌握方法的幼儿带动其他伙伴一起游戏。

2. 刚投放游戏材料的时候，可在冰盒中放上一张格子纸，让幼儿可以将拿到的蚕宝宝放在格子中，方便点数。

美工区：蚕蚕问题卡

▶ **发展指向**

通过制作蚕宝宝问题卡，将关于蚕宝宝的问题用绘画的形式表达出来。

▶ **材料呈现**

工具：画笔、胶水、剪刀、白纸。

▶ **玩法介绍**

引导幼儿根据墙饰"我的问题"板块思考自己有关蚕宝宝的问题，将自己的问题用绘画的形式表达出来，可用标记来表示。

▶ **指导要点**

1. 鼓励幼儿从蚕的习性、外形、生长过程等方面思考不同的问题。
2. 将幼儿的问题卡布置在"我的问题"这一主题环境中。

主题环境二 蚕宝宝的家

(一) 环境解读

蚕宝宝快要来了，给蚕宝宝安家是幼儿的首要任务。那么蚕宝宝住在哪里呢？怎样的环境适合蚕宝宝生长呢？幼儿通过资料收集、讨论，发现蚕宝宝要住在一个光照适宜、安静、清洁的地方。他们开始在活动室内、走廊以及各个角落寻找着适合蚕宝宝的家。最后，通过投票的方式决定把蚕宝宝的家安在了一个通风、清洁的楼梯平台处。幼儿将饲养架合力搬了上去，并从园内桑树上采了桑叶铺好。在美工区角内完成的桑叶挂帘，在老师的帮助下挂在了蚕宝宝的家中。

（二）相关活动

综合活动：给蚕宝宝安家

★ 活动目标

通过讨论交流，通力合作为蚕宝宝布置一个适合的"家"。

★ 活动建议

1. 提示幼儿关注蚕宝宝生存所需的环境。

2. 在幼儿初步感知蚕宝宝的生存环境需求后，引导幼儿在教室、走廊等场地寻找适合蚕宝宝的家。

3. 将幼儿找到的地方以图片的形式呈现在黑板上，然后投票决定蚕宝宝住在哪里更合适。

4. 选好场地后，教师和幼儿一起搬放饲养架，布置蚕宝宝的家。

5. 将幼儿带出教室，在园内的桑树上摘取桑叶，并放入蚕宝宝的家中。

（三）区角游戏

数学区：看谁拍得快

发展指向

在竞赛游戏中，知道2和3、1和4合起来是5。

材料呈现

拍铃1个，贴有5以内数量的蚕宝宝牌面。

玩法介绍

先把蚕宝宝卡牌平均分给每一个游戏者。游戏开始，幼儿翻开自己牌面上的一张牌，接着第二个幼儿翻开自己牌面上的一张牌，逐一进行。当幼儿发现翻开的牌面上相同颜色的蚕宝宝数量合起来为5的时候，抢按桌子上的拍铃。先按拍铃的人可以把桌面上的牌收为己用。如拍错，则罚拍铃者给其他游戏者每人一张牌。如果有玩家的牌没有了，则退出游戏，最后仍有牌的幼儿胜出。

指导要点

提示幼儿注意翻牌的动作，一定要把牌往外翻，让其他玩家先看到牌面。

美工区：桑叶挂帘

> **发展指向**

学会看图示，根据图示的步骤为蚕宝宝制作桑叶挂帘。

> **材料呈现**

工具：麻绳、双面胶、绿色粉纸、剪刀。
图示：桑叶挂帘制作示意图、桑叶图片。

> **玩法介绍**

幼儿根据示意图，学习桑叶挂帘的制作方法，用铅笔画出桑叶轮廓后，剪下并折叠，最后使用双面胶将桑叶和麻绳粘贴在一起。

> **指导要点**

1. 鼓励幼儿自己看图示和桑叶图片，发现桑叶的典型外部特征，根据自己对桑叶的认知制作出大小不同的桑叶。
2. 制作完成后，师幼共同将桑叶挂帘挂在蚕宝宝的家中。

主题环境三
蚕宝宝资料大收集

（一）环境解读

养蚕需要有一定的知识经验，幼儿关于饲养蚕宝宝的问题已经呈现在问题墙上，那么怎么来解决这些问题呢？幼儿和家长采用各种途径收集有关蚕宝宝的资料，通过观察、分享、讨论，幼儿对于养蚕有了一定的经验。蚕宝宝的图片、亲子制作的海报等汇集到了"蚕宝宝资料大收集"环境中，供大家交流与分享。

（二）相关活动

谈话活动：蚕宝宝资料交流会

★ 活动目标

通过亲子资料收集、海报制作，进行蚕宝宝的信息分享，提升对蚕宝宝的认知。

★ 活动建议

1. 幼儿将自己收集的资料展现在桌面上，并介绍自己收集到的蚕宝宝的信息。

2. 讨论交流：①蚕宝宝喜欢住在哪里？（结合对蚕宝宝的家的观察）②蚕宝宝喜欢吃什么？（幼儿提前完成猜想记录单，教师引导幼儿猜测除了桑叶，蚕宝宝会不会吃其他东西；出示猜想单中幼儿所猜测的一些食物，让幼儿说说它们是什么；分组喂养并记录；进行记录总结：蚕宝宝喜欢吃什么呢？）③蚕宝宝的生长历程可能是什么样的？

3. 小组合作，将自己收集的资料张贴在主题墙面中。

音乐活动：快乐的蚕宝宝

★ 活动目标

感受音乐《蚕宝宝》中的缓慢与欢快的部分，尝试进行即兴的动作编排，体验创编的快乐。

★ 活动建议

1. 经验准备：幼儿在活动前通过资料收集，对蚕宝宝一生的经历有初步的认知。

2. 倾听音乐《蚕宝宝》，说一说在音乐缓慢的时候蚕宝宝可能在做什么，在音乐欢快的时候蚕宝宝可能又在做什么。

3. 尝试用自己的肢体动作来表现不同时期的蚕宝宝。

4. 音乐游戏：快乐的蚕宝宝。

★ 游戏方法

魔法棒，魔法棒，变变变。变蚕卵（幼儿身体缩小），变蚕虫（幼儿身体伸长），蚕宝宝饿了找桑叶吃（幼儿进行爬行练习），蚕宝宝累了要睡觉，让我们来钻新房子吧！（幼儿做头部运动，钻进口袋里）蚕宝宝睡着了，梦里它梦见自己长出翅膀了，梦醒了，蚕宝宝真的长出翅膀了（幼儿钻出口袋做飞的运动），结束。

（三）区角游戏

益智区：拯救蚕宝宝

> **发展指向**

通过观察、比较，发现迷宫图中最快捷的拯救蚕宝宝的路径。

> **材料呈现**

在地垫上绘制蚕宝宝走迷宫，每一个迷宫中有多条到达出口的路径。

> **玩法介绍**

1. 通过观察与比较路线，能够顺利地选择路径，到达出口，拯救蚕宝宝。遇到岔路口先选择路线；遇到走不过去的地方可回到原点，学会反向验证。
2. 在幼儿熟悉迷宫后，两两比赛，看看谁能在最短的时间内找出路径，到达出口。

> **指导要点**

1. 当能力较弱的幼儿无法走出迷宫时，可提示从上一个岔路口重新选择或者进行反向验证。
2. 幼儿熟悉该游戏后，可在迷宫上贴上1-10以内的数字，根据数字的顺序走迷宫。

数学区：蚕宝宝找家

> 发展指向

巩固1—10以内的数物匹配，掌握游戏规则，能够根据形状、颜色进行匹配。

> 材料呈现

蚕宝宝的家：由纸盒制作而成，纸盒的一面贴有图形、数字，纸盒的上方贴上写有数字的不同颜色的蚕宝宝卡片。

地垫：贴有与纸盒上图形、数字相对应的图卡。

蚕宝宝：红、黄、蓝、绿四色的蚕宝宝。

> 玩法介绍

根据"蚕宝宝的家"上的数字或者图形先找到相匹配的家，然后再根据盒子上的数字或者点数摆上相对应数量以及颜色的蚕宝宝。

> 指导要点

1.教师在提供材料的时候可以循序渐进，纸盒上的数字或是图形在开始时可以适当降低难度，在幼儿熟练后逐步提高游戏难度。

2.可以提示幼儿合作进行此游戏。

（一）环境解读

蚕宝宝来到了幼儿身边，它们的成长经历是怎样的呢？在"蚕宝宝成长记"的主题环境中，有幼儿井井有条地采桑叶、剪桑叶、清理蚕沙时的精彩瞬间，有蚕宝宝们每个阶段的生长变化等等。这些都以绘画日记的形式呈现出来。

主题环境四
蚕宝宝成长记

（二）相关活动

美术活动：会变的小蚕

★ 活动目标

通过绘画的方式，将自己观察与发现的蚕宝宝一生的历程记录表现出来。

★ 活动建议

1. 引导幼儿回忆，说一说自己发现的蚕宝宝的成长历程是什么样的。教师用照片、视频等帮助幼儿回忆。
2. 鼓励幼儿大胆画出自己发现的蚕宝宝的变化。
3. 师幼共同将蚕宝宝的作品展示在美工区的空墙上（本活动可在区角游戏中延续）。

体育活动：我学蚕宝宝

★ 活动目标

学习弓身爬、直身爬和团身滚，在游戏中感受模仿蚕宝宝的乐趣。

★ 活动建议

1. 播放诙谐的音乐，引导幼儿做身体模仿热身动作。
2. 幼儿自主模仿蚕爬的动作，学习两种不同的爬的方法：弓身爬、直身爬。
3. 游戏：调皮的蚕宝宝。

在场地内悬挂四条桑叶帘，要求不碰到桑叶，尝试用爬、团身滚的方式到达终点。

（三）区角游戏

科学区：蚕宝宝的一生

> **发展指向**

通过摆一摆、说一说的方法，进一步感知蚕宝宝一生的历程。

> **材料呈现**

"蚕蚕的一生"操作板：用KT板制作，中间用彩纸贴上代表蚕一生经历的四块区域，四块区域上用箭头组成环形，每块区域上贴上回形针。

操作材料：准备蚕宝宝一生中不同时间段的图片，并在图片后贴上吸铁石。

> **玩法介绍**

幼儿根据蚕宝宝——虫卵、幼虫、结茧、蚕蛾这四个阶段，选择相对应的图片贴在区域中，了解蚕宝宝一生的历程。

> **指导要点**

1. 蚕宝宝一生的历程图片等材料，可由幼儿绘画、制作而成。

2. 鼓励幼儿自主合作与交流，能正确摆放蚕宝宝不同阶段的不同图片。

美工区：纸浆蚕宝宝

> **发展指向**

利用纸浆、毛笔等材料，制作出"大桑叶"背景上形态各异的蚕宝宝。

> **材料呈现**

"大桑叶"背景：将绿色KT板刻画成桑叶的形状，固定在美工区的墙上。

创作材料：餐巾纸、清水、浆糊、墨汁、毛笔。

> **玩法介绍**

使用少量清水和浆糊将餐巾纸捏成纸浆，将纸浆搓成白色小球，逐个贴在大桑叶上并用毛笔点出蚕的眼睛、足部等，做成形态各异的蚕宝宝。

> **指导要点**

1. 教师鼓励幼儿根据往日所观察到的蚕宝宝形态进行大胆地创作。

2. 还可给幼儿提供黏土等其他材料，增加游戏中的创作形式。

阅读区：蚕宝宝的故事

发展指向

喜欢在阅读区中讲述、创编蚕宝宝的故事，并大胆表达自己在阅读中的发现、体会和想法。

材料呈现

自制的连环画绘本和单页图片。

玩法介绍

幼儿选择自己想阅读的蚕宝宝故事绘本，或是将单页的图片进行组合，独自或相互讲述、表演。

指导要点

1. 蚕宝宝的故事绘本可由幼儿根据已有经验进行创编制作，并投放入阅读区。

2. 鼓励幼儿用单页图片进行组合，自编故事，尝试将自己创编的故事以表演的形式表现出来。

（一）环境解读

幼儿悉心地照顾蚕宝宝，并发现了蚕宝宝许多有趣的秘密。他们将发现用绘画的方式记录下来：蚕宝宝爬行时像拱桥；吃桑叶时会左右摇摆；蚕宝宝能吸在手上掉不下来……这么多的秘密就在"我的观察与发现"这一主题环境中，这里是幼儿互相交流与讨论的空间，他们经常会在这里分享、交换自己发现的秘密。

主题环境五

我的观察与发现

（二）相关活动

美工活动：巧制蚕宝宝

★活动目标

在了解蚕宝宝的身体特征后，通过用卷纸、挤压等方法制作蚕宝宝。

★活动建议

1.说一说在照顾蚕宝宝的过程中发现的蚕宝宝的身体特征，并将蚕宝宝的各种细节图片以PPT的形式展现在幼儿面前。

2.出示一条制作完成的蚕宝宝，请幼儿猜测这是用什么材料做的，可能是怎么做出来的。

制作方法：取一张长7—8厘米，宽5厘米的白色皱纹纸，将长边靠拢在铅笔的侧部，卷动铅笔，将其全部卷在铅笔上；双手食指与拇指有力地将纸两头向中心挤压，使之皱曲；稍后，将铅笔从中抽去；用水彩笔画上小气孔，头部花纹和眼睛；用剪刀在尾部剪一小刀，作为尾部小突起。

3.鼓励幼儿制作出形态各异的蚕宝宝。

综合活动：蚕宝宝，用途大

★活动目标

了解蚕的多种用途，知道蚕给人们的生活带来方便。

★活动建议

1.以前期家长、幼儿共同收集的资料作为导入，请幼儿交流自己收集的关于蚕宝宝用处的知识。

2.教师根据幼儿的讨论、交流结果进行梳理，从蚕宝宝的药用价值、食用价值以及蚕丝的价值进行总结。

3.延伸活动：参观蚕博会。（若有类似的社会资源，可与家长进行联系，共同前往进行参观、学习）

（三）区角游戏

表演区：创意丝秀场

发展指向

1. 通过丝秀场的游戏，进一步感知丝织品的特点。
2. 大胆尝试用各种饰品进行造型，并敢于在秀场上秀出自己。

材料呈现

材料：丝巾、旗袍、头饰等丝织品。

空间：创意丝秀场，在区角上方悬挂丝巾，地面铺上地垫，放置衣架与围巾架等。

玩法介绍

利用各种丝织品，进行组合、搭配与造型，并在秀场上和伙伴们大胆秀出自己。

指导要点

将区域中的"丝织品造型坊"与"秀一秀"两个空间位置进行整合，幼儿可以在做完造型后直接在"秀一秀"中秀出自己。

饲养区：蚕宝宝的秘密

发展指向

通过细致地观察和饲养，了解蚕宝宝生长的主要阶段及其外形特征，体验生命的多样性。

材料呈现

桑叶、剪刀、饲养架。

玩法介绍

将桑叶剪碎喂给蚕宝宝，并观察、记录蚕宝宝的生活习性及其特点。

指导要点

1. 教师和幼儿每周根据饲养区中蚕宝宝的情况进行讨论，并根据蚕宝宝的大小及时调整饲养架中的饲养盒。
2. 鼓励幼儿大胆摸一摸蚕宝宝，与蚕宝宝直接接触，进一步观察蚕宝宝的特点。

（资源提供：无锡市峰影幼儿园）

主题六 奇妙的光影乐园

一、主题说明

  我们生活在一个光影世界。阳光下斑驳的树影,一天中不同时段影子的变化,也许对成人来说很常见很普通,可对于爱探究、好奇心强的中班幼儿,当偶然发现阳光下同伴影子多变的,他们的小脑袋里充满了疑问:影子在哪里?影子是怎么来的?怀揣着让传统游戏焕发新生命的想法,我们用新的发现、新的做法、新的环境创设引领着幼儿走进"奇妙的光影乐园"。以他们生活中的科学知识为源泉,以教室的每一面墙、每一份游戏材料、每一个可利用的空间为环境载体,与幼儿共同营造出一个奇幻的光影世界。并通过材料的启发和环境的暗示让幼儿在科学探索的奇妙经历中通过自己双手的探索、自己眼睛的发现、自己头脑的创造,去感知影子的"神奇"所在。

二、空间规划

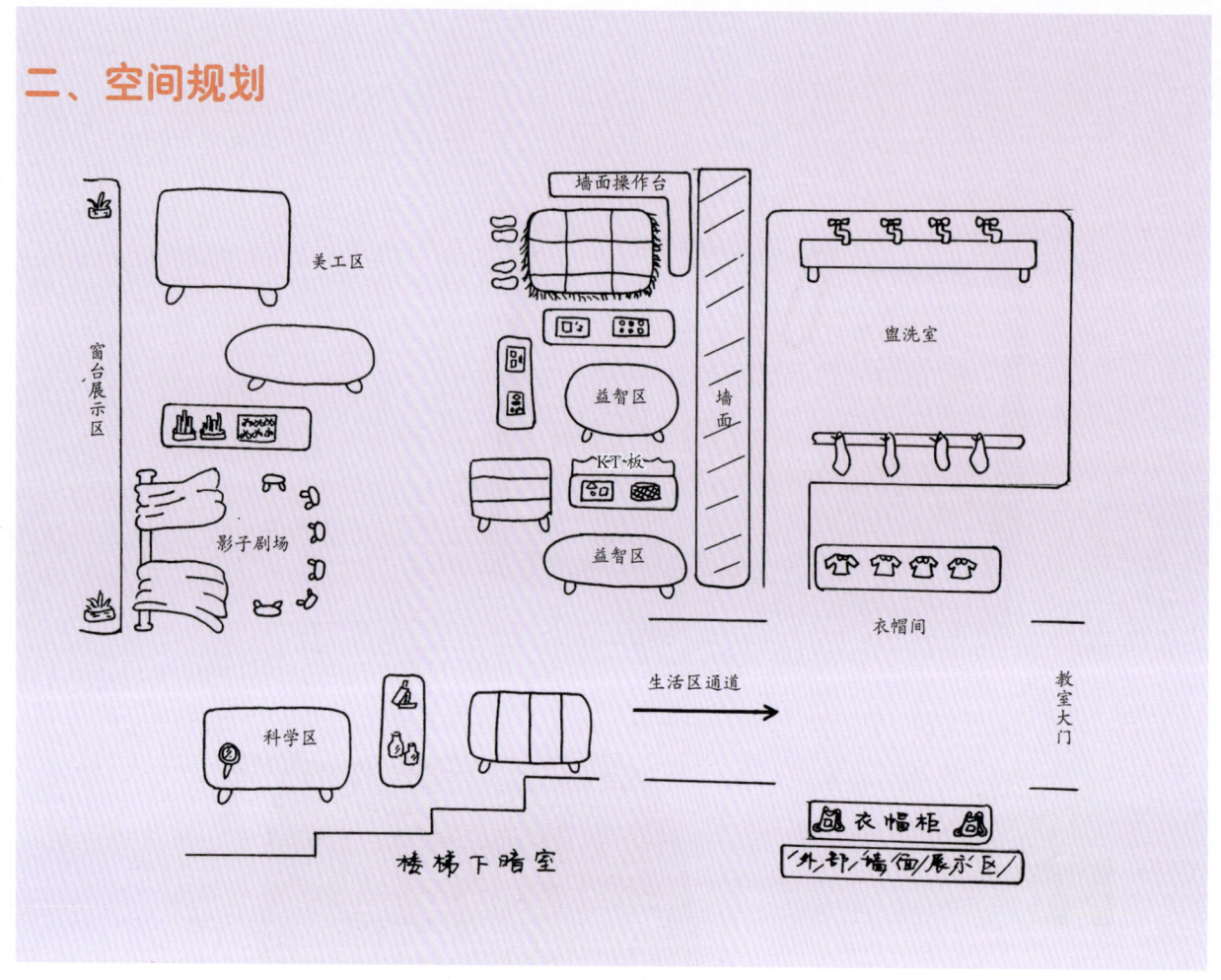

　　活动室为跃层式设计结构，分为里外两个不同的功能区域。外间为生活区域，由衣帽间和盥洗室组成；里间的挑高式大空间设计为幼儿带来了更为宽敞、光线充沛的学习游戏活动场所。虽然大空间教室对于进行其他各类活动确实很不错，但是遇到需要黑暗场所的光影活动并非很理想。于是我们把问题抛给了幼儿，让他们一起来探究、寻找活动室内适合做暗室的地点，而衣帽间、盥洗室、楼梯下、午睡室最终成为了幼儿眼中最合适的四个游戏场所。根据幼儿的想法，还在衣帽间支起了大帐篷，在楼梯下用黑色布帘遮挡，把原本普通平常的生活区域，变成了得天独厚的光影游戏暗室。除此之外，光线充足、明亮的窗台、走廊也变身成为另类的"光影游戏场"，我们利用窗帘、玻璃、走廊来展示幼儿的影子作品，阳光投射后呈现自然奇妙的光影现象。把教室另一边的靠墙区域设置为操作类光影游戏区，用柜子进行分隔，让幼儿或独立或与同伴合作玩桌面光影游戏。相对独立的小区域也能降低相互间的干扰，提高幼儿的游戏专注力。整个活动室从里至外，从墙壁到窗户，从空中到地面构成了一个立体、丰富而充满趣味的"光影游戏"活动场。

三、主题环境与课程活动

活动列表

主题环境	相关活动	区角游戏
主题环境一：神秘暗室	科学活动：我和影子来跳舞 科学活动：小熊笑了	楼梯下暗室：手影游戏 衣帽间暗室：星空灯 盥洗室暗室：会变的花朵
主题环境二：影子剧场	科学活动：有趣的皮影戏 美工活动：制作皮影戏道具 语言活动：影子剧场	益智区：汽车影子对对碰 益智区：叠影游戏
主题环境三：快乐的影子	科学活动：粉笔小人 美工活动：快乐的影子	益智区：光影游戏 （小猪住楼房、蝴蝶找花）
主题环境四：影子变变变	美工活动：剪影小人 美工活动：影子风铃 美工活动：光影走廊	益智区：水果影子猜猜看
主题环境五：影子大头贴	美工活动：影子大头贴	益智区：暗箱游戏（墙上的表情）
主题环境六：影子灯笼	美工活动：影子灯笼	益智区：影子哆宝牌

主题环境与课程活动脉络图

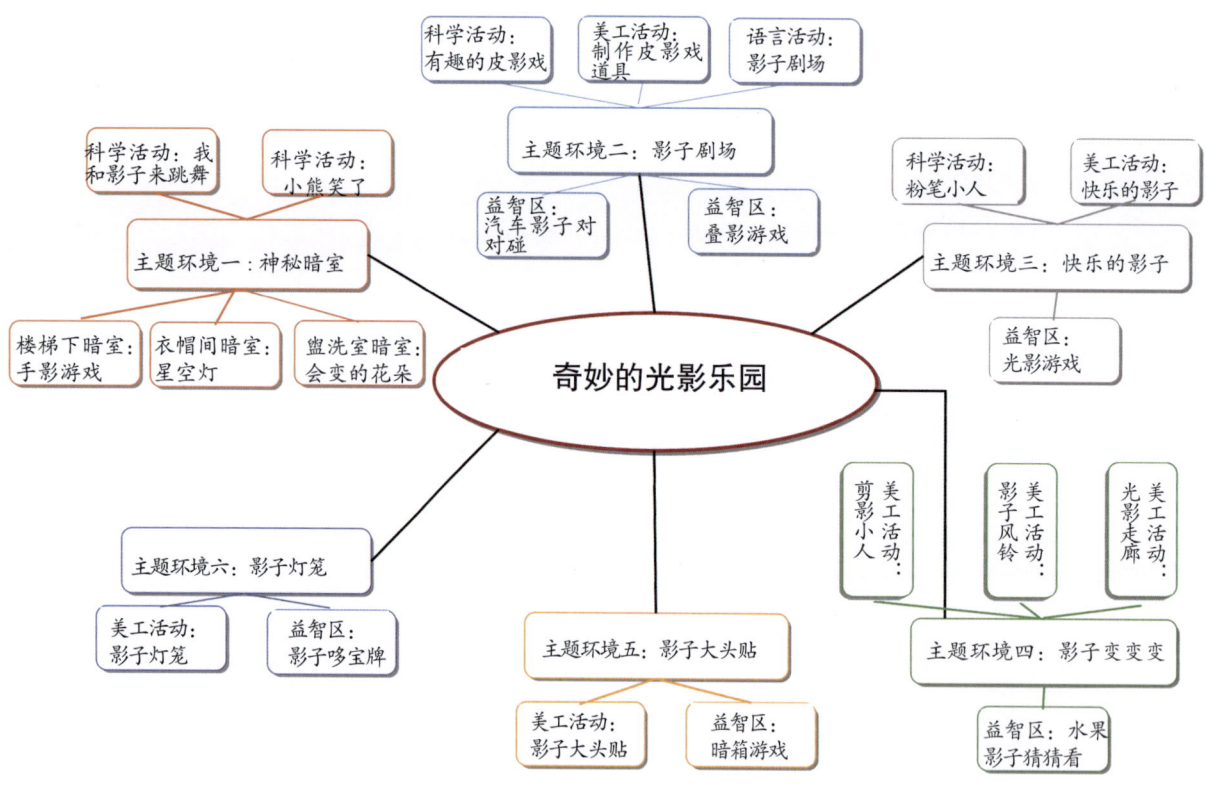

幼儿发现衣帽间可做暗室

幼儿发现午睡室可做暗室

幼儿发现楼梯下可做暗室

幼儿发现盥洗室可做暗室

（一）环境解读

活动室是幼儿每天生活的场所，幼儿在其中活动、游戏。培养、提升幼儿的科学素养，其关键是在幼儿生活的环境中创设探究的场景、营造探究的氛围。考虑到本次主题是光与影的游戏，所以幼儿是哪里黑就往哪里钻，把活动室中幼儿平时生活的场所，也开发为一间间适合玩光影游戏的神秘暗室。充分挖掘每个角落的教育功能，让活动室的里里外外都成为幼儿进行科学趣味小实验的场所。

主题环境一

神秘暗室

衣帽间的暗室

（二）相关活动

科学活动：我和影子来跳舞

★ 活动目标

1. 对影子这种自然现象感兴趣，愿意观察影子，并能表达自己的观察感受。
2. 初步了解物体都有影子。

★ 活动建议

1. 活动以猜测"每个人都有一位神秘的好朋友，和自己长得一样，想知道它是谁吗？"导入，并带幼儿到户外阳光下，观察地面上阳光下自己的影子。
2. 让幼儿在户外自由活动，并在教师的指导下观察自己的影子。
3. 出示影子的照片，请幼儿设法让自己的影子和照片中的影子做一样的动作（照片由易到难）。
4. 幼儿自己创编动作，观察影子的变化。感受和理解影子是随自己动作的变化而改变的。

科学活动：小熊笑了

★ 活动目标

1. 通过实验初步感知光线直射现象。
2. 能积极参与交流活动，大胆说出自己的发现。

★ 活动建议

1. 出示小熊剪纸，引导幼儿观察、思考：你有办法让小熊的影子出现在白纸上吗？
2. 幼儿操作并交流。
3. 教师出示另一只小熊，提问：看看和你们的小熊影子有什么不一样？（教师演示时不能让幼儿直接看到有眼睛的小熊，只能看到小熊的影子）
4. 组织幼儿讨论：有没有办法让你的小熊影子也有眼睛？用图示记录幼儿的实验方法。
5. 给幼儿提供剪刀、钉子、水彩笔、糨糊和小圆片等实验材料，鼓励幼儿选一种方法进行实验。
6. 引导幼儿交流、讨论，比较不同的实验方式及其结果，初步感受光的直射原理。

（三）区角游戏

楼梯下暗室：手影游戏

发展指向

1. 尝试模仿图示，用手进行组合造型。
2. 感受灯光照射下手影变化的神奇。

材料呈现

用黑色布帘设置暗室，手影图示，节能灯。

玩法介绍

1. 幼儿观察图示，学习用手做造型。
2. 将手的造型移至灯光区，观察白墙上的手影，和好朋友说说变出了什么影子。

指导要点

1. 鼓励幼儿能正确模仿或自由探索，变出不同的手影。
2. 启发同伴间的合作，运用手影表演创编成手影小故事。
3. 引导幼儿发现手在移动时，影子是有变化的。

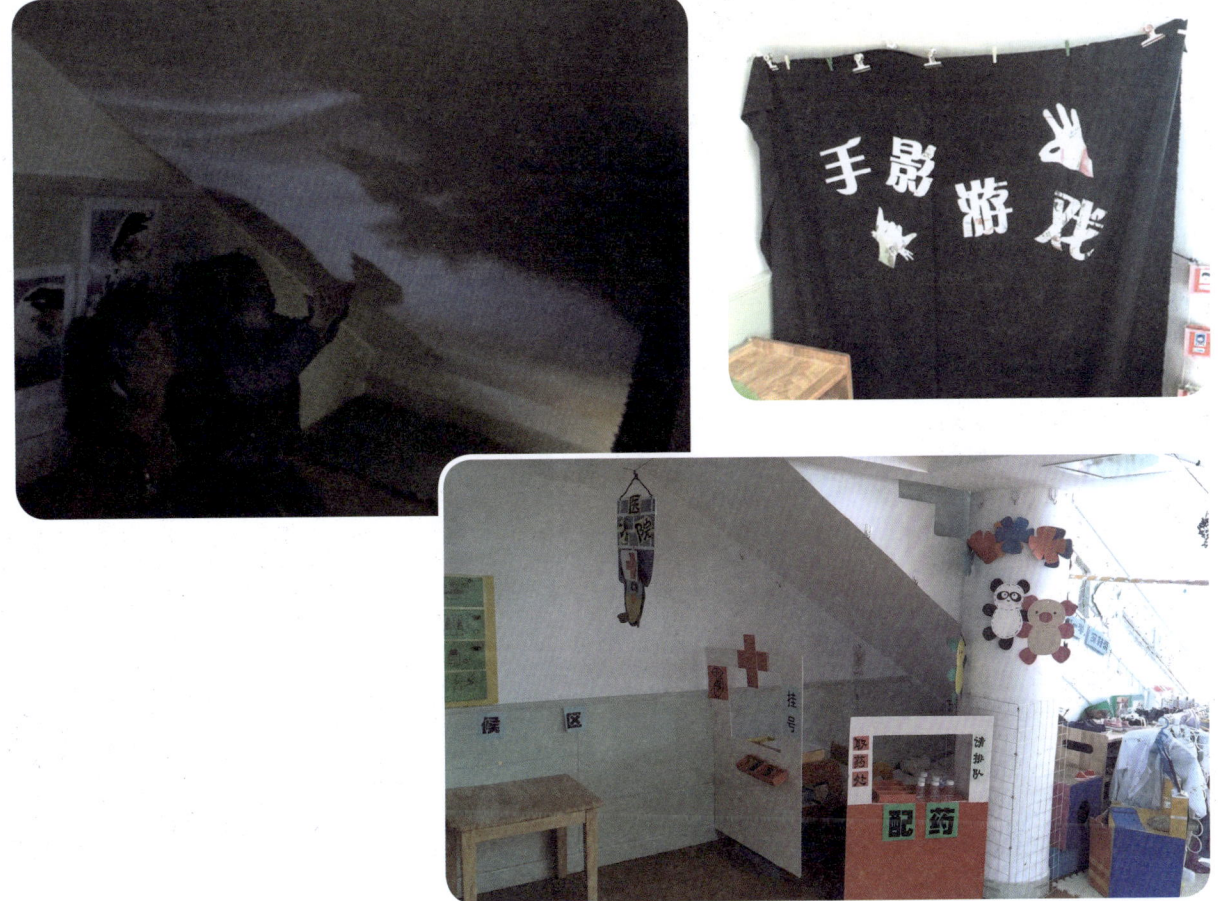

衣帽间暗室：星空灯

发展指向

通过在暗室中玩星空灯、投影灯，初步感受光影的变化。

材料呈现

在光线较暗的衣帽间支起大帐篷，星空灯，手指投影灯。

玩法介绍

1. 在帐篷里开启星空灯，观察旋转星空灯时的光影效果。启发幼儿探索寻找如何投射出星光点的秘密。
2. 尝试自己用勾线笔在透明胶片上设计星空或其他花纹，运用星空灯投射后，欣赏自己或同伴的作品。

指导要点

1. 启发幼儿通过观察灯光及星空灯的组成部件，发现星空灯能投射出星星的秘密，在透明胶片上留出了很多星星状的空白处。
2. 引导幼儿讨论星空灯的工作原理。
3. 鼓励幼儿大胆设计，在透明胶片上将需要展现的花纹留空，其他地方用黑色涂满，体验自制星空图案的快乐。

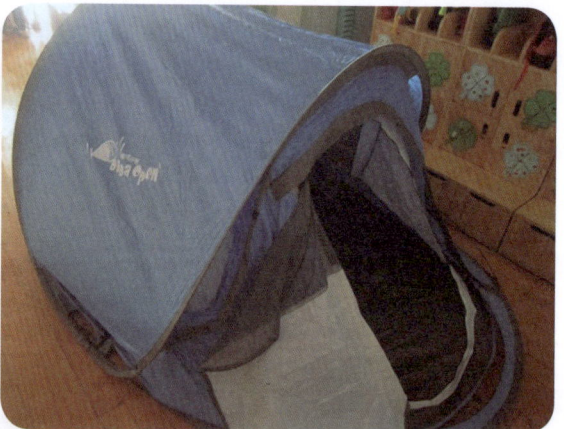

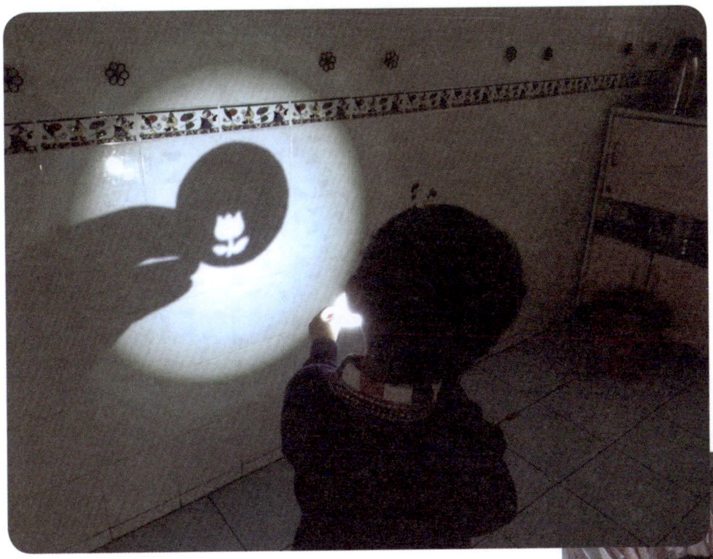

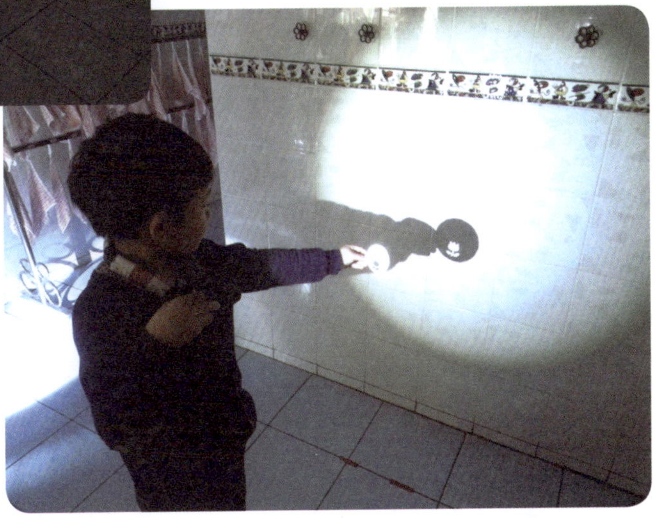

盥洗室暗室：会变的花朵

发展指向

在自主探索中发现通过改变光源的远近，能让影子变大变小的秘密。

材料呈现

圆形小纸片，花朵形压花器，手电筒，关闭盥洗室内灯光。

玩法介绍

1.幼儿运用压花器，在小纸片上刻出花朵的镂空图案。

2.在暗室里，运用手电筒，自己尝试怎样让花朵有变化。

指导要点

1.引导幼儿正确使用压花器，并尽量将花朵按压在纸片中间。

2.鼓励幼儿自主探索，能用较连贯的话讲述、介绍自己的发现。

（一）环境解读

皮影戏是一种借助光影的传统艺术。当我们将之投放在活动室时，幼儿立刻产生了浓厚的兴趣。活动室窗边的一角成为了我们的影子剧场。幼儿可以运用自制的纸制皮影学表演、练对话。影子剧场既巧妙运用了教室中闲置的窗帘，结合窗台边光线充足的特点，幼儿玩的时候也不占用过多空间，可谓一举多得。

主题环境二
影子剧场

（二）相关活动

科学活动：有趣的皮影戏

★活动目标

1.知道皮影戏是我国民间传统艺术的一种，深受大家的喜爱。

2.简单了解皮影的特征及制作过程。

★活动建议

1.欣赏皮影戏片段《龟与鹤》，组织幼儿讨论皮影戏与自己平时看到的戏有什么不一样。

2.通过展示、介绍皮影戏道具，帮助幼儿认识皮影戏，了解皮影戏的表演方式。

3.观看皮影戏道具制作过程，增进对皮影戏的了解。

美工活动：制作皮影戏道具

★活动目标

尝试运用勾画、剪、贴等技能，学习制作皮影戏道具。

★活动建议

1.准备好黑色32K卡纸、铅笔、剪刀、木制搅拌棒、透明胶带、胶带座等制作材料。

2.引导幼儿与小组成员一起确定想要表演的皮影戏内容。一般选用人物较少（2-3个）、幼儿熟悉的故事，如《狼和小羊》《小红帽》等等。

3.学习用铅笔在黑色卡纸上画出故事的人物。指导幼儿在画人物时，尽量画大些，以能撑满32K卡纸为佳。同时提醒幼儿只要勾画轮廓，不用画细节。最后用剪刀沿边剪下人物。

4.学习使用胶带座，尝试用透明胶带将搅拌棒一端固定在剪下的人物皮影上。注意工具的安全使用。

语言活动：影子剧场

★ 活动目标

1. 学习表演皮影戏，感受皮影这一中国特有的文化。
2. 表演中能够大声讲述人物对话，初步尝试用语气语调表现人物形象。

★ 活动建议

1. 事先在活动教室窗帘上运用卡纸布置出故事背景，准备好故事录音、播放器、以及幼儿自制的皮影等材料。
2. 引导幼儿根据故事内容，确定自己扮演的角色，并躲到窗帘后，准备表演。将窗帘调整到适合幼儿的高度，末端用物品支撑起，留出能容纳2-3名幼儿的空间。
3. 幼儿学习听着故事录音，手持自制皮影在窗帘上移动进行表演。提醒他们要将皮影尽量紧贴窗帘。
4. 鼓励幼儿尝试有语气语调地讲述对话，手也能通过左右上下移动皮影表现故事的进展。
5. 可结合幼儿近阶段学习的故事进行创作表演。

（三）区角游戏

益智区：汽车影子对对碰

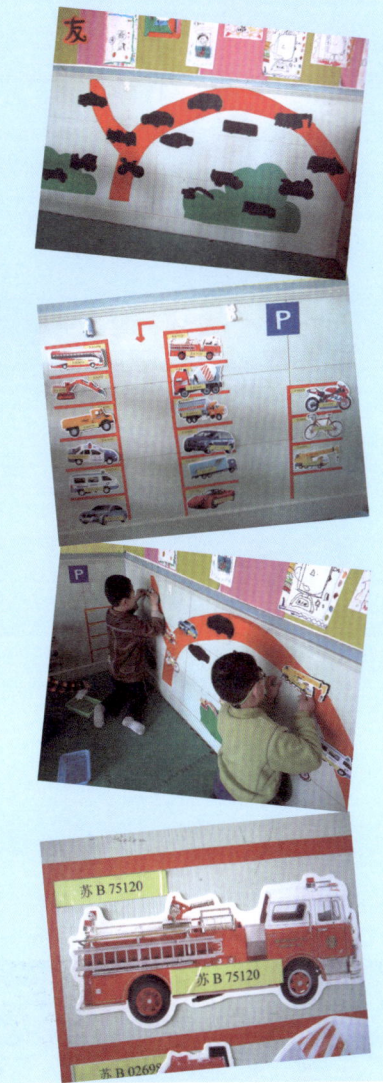

发展指向

1. 通过观察，为各种小汽车图片寻找合适的影子底版，具有一定的辨识能力。

2. 学看车牌，能根据车身上的数字牌找到相对应的停车场位置，学习有序收归。

材料呈现

用即时贴将一面墙面布置成马路场景，另一面布置成格状停车场；汽车卡片、相对应黑色卡纸影子；车牌字条，分别贴在车身和停车场上；蓝丁胶。

玩法介绍

1. 观察小汽车的影子，找到相对应的汽车卡片进行配对摆放，用蓝丁胶将汽车卡片与影子贴合。

2. 收归时，观察车身上的车牌数字，寻找停车场相对应的车牌进行有序收归。

指导要点

1. 能根据影子目测相对应的实物汽车卡，训练辨识能力。

2. 提醒幼儿看清车牌数字及数字的排列，并能快速正确地找到相应的停车位。

益智区：叠影游戏

发展指向

尝试寻找合适的图形拼摆出图示的组合形状，培养对图形的兴趣，促进空间知觉的发展。

材料呈现

自制图示卡片小书、自制透明图形卡片（透明胶片上粘贴红色即时贴图形）。

玩法介绍

仔细观察图示小书，选择一副组合在一起的图形，并尝试分辨是由哪两种或几种图形组合而成。再运用透明图形卡，通过叠加的方式试着拼出图示的图形。

指导要点

可根据幼儿的发展程度制作不同难度的叠影卡片。如：两种图形组合、三种图形组合，还可以有不同叠加顺序的组合，以此来满足不同发展程度幼儿的操作需求。

（一）环境解读

随着活动的开展，在各种光影游戏中，幼儿有了许多新的发现，比如在室外阳光下他们注意到只要通过改变在阳光下的站立位置，就能把自己的影子变长变短、变正变斜。于是我们将活动室里的光影活动拓展到了户外，让好朋友相互合作为对方用粉笔在地面上、用颜料在报纸上勾勒有趣的人影，利用室内大幅的墙面，让幼儿的探索与发现跃然其上。

主题环境三
快乐的影子

（二）相关活动

科学活动：粉笔小人

★ 活动目标

观察、了解人的影子在一天中会随太阳光的变化而变化，能相互合作绘画影子。

★ 活动建议

1. 玩游戏"你走我也走"。
2. 两人合作，利用粉笔在地上给同伴描画出影子的轮廓。鼓励幼儿能做出不同的动作。
3. 利用不同的时间段请幼儿再站到自己的影子轮廓前，以此感受影子在一天中发生了变化。

美工活动：快乐的影子

★ 活动目标

能大胆运用不同色彩勾画好朋友的影子，感受影子的不同变化。

★ 活动建议

1. 事先为幼儿准备好大报纸、勾线笔、颜料、剪刀等制作工具。
2. 两人合作，一人站在太阳下摆出造型，一人用勾线笔在报纸上画出影子的轮廓。画好后再相互交换。同时提醒摆放造型的幼儿尽量保持身体的稳定。
3. 选用喜欢的颜色进行涂画。
4. 等颜料干后，用剪刀沿轮廓线剪下影子，布置教室墙面，并带着幼儿猜猜这些是谁的影子。

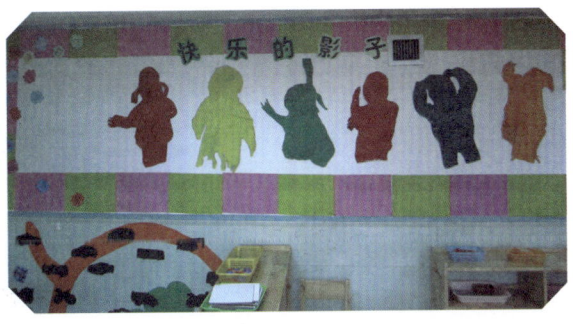

（三）区角游戏

益智区：光影游戏（小猪住楼房、蝴蝶找花）

▶ **发展指向**

探索通过自主调节手电筒光源的位置及远近，将图片的影子投射到底纸的不同方位上，让小猪与蝴蝶找到合适的"家"。

▶ **材料呈现**

纸箱，塑封彩色图案底纸，小房子蝴蝶塑封图片，毛根，手电筒。

▶ **玩法介绍**

1. 打开手电筒，照射小房子或蝴蝶的图案，观察影子的形状。

2. 尝试通过左右前后改变手电筒的方位，获得需要的影子。并能将该影子照射到底纸的某一个小猪身上或者花朵上，为小猪和小蝴蝶找到适合的"家"。

▶ **指导要点**

指导幼儿要有耐心地不断移动手电筒，寻找合适的影子。

（一）环境解读

采光充足的活动室窗台陈列着芭比娃娃、玩具恐龙、宜家小木人等小摆件，在阳光投射下出现了姿态各异的影子。随着幼儿的观察与发现，看似平常的室内窗台又变成了光影游戏的另一处活动场所。幼儿动手制作自己喜欢的人物形象，粘贴在透明玻璃或彩色明胶片上，通过阳光的折射，各种各样的影子作品给活动室环境带来奇幻的光影效果，活动室又成为了幼儿影子创作的乐园。

主题环境四

影子变变变

（二）相关活动

美工活动：剪影小人

★ 活动目标

尝试用绘画剪贴的方法，表现玩具娃娃的影子。

★ 活动建议

1. 事先准备好芭比娃娃、红蓝两色即时贴、铅笔、剪刀等制作材料。

2. 引导幼儿将芭比娃娃摆弄出自己喜欢的动作造型，摆放在窗台上，利用阳光把娃娃的影子投射到即时贴白色一面上。自己要调整好角度。

3. 学习用铅笔勾画影子轮廓，提醒幼儿只要勾画轮廓，不用画细节。画好后再用剪刀沿边剪下，重点学习用镂空剪的方法剪出娃娃的眼睛部位。

4. 将剪下来的即时贴白色背纸撕下后，贴到窗户玻璃上。

5. 等幼儿掌握基本技法后，鼓励他们可以自己来设计不同动态的剪影小人。

美工活动：影子风铃

★ 活动目标

1. 在掌握剪影小人制作方法的基础上，继续学习制作影子风铃。

2. 初步尝试独立穿线打结。

★ 活动建议

1. 活动前准备好恐龙玩具模型、各色透明塑料片、铃铛、毛线、毛根、打洞机等制作材料。

2. 引导幼儿运用剪影小人的制作方法，画、剪出恐龙的即时贴剪影。

3. 将剪影贴到彩色塑料片上，打洞穿线。

4. 初步尝试运用穿线打结的方法，在下端毛线上系一个铃铛。可能此技能对中班幼儿来说还有些难，教师可以适时地提供帮助。

5. 最后将作品挂到窗台边的挂钩上，布置窗台边环境。

美工活动：光影走廊

★ 活动目标

1. 学习运用打洞机在卡纸上打洞及粘贴造型等方式，制作走廊透明装饰画。
2. 感受光影投射到地面斑驳的独特视觉效果。

★ 活动建议

1. 活动前准备8k彩纸、打洞机、透明胶片、固体胶棒等制作材料。
2. 指导幼儿学习将彩纸四边折进5cm，并沿折痕边用打洞机随意打洞，并将小圆片收集起来。
3. 教师将彩纸中间挖空后粘贴上透明胶片。
4. 请幼儿将各色打洞机按压出的小圆片，随意在透明胶片上拼摆造型，并用固体胶棒固定，制作成透明装饰画。
5. 最后用夹子夹起装饰画悬挂在阳光充足的走道窗户边。

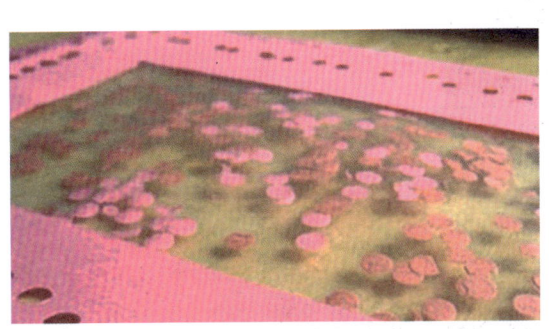

（三）区角游戏

益智区：水果影子猜猜看

发展指向

1. 乐意与同伴友好合作，体验合作游戏的快乐。
2. 通过观察物体的影子，猜测出相应的水果名称，感受光影游戏的乐趣。

材料呈现

一面蒙白纸的纸箱、各种水果模型、手电筒、记录单、记录笔。

玩法介绍

1. 两人合作，一个出题、一个看影子猜水果。
2. 出题的幼儿选出一个水果模型放置在自己一侧纸箱中，用手电筒照射后，让影子投射到白报纸上，请猜的幼儿猜猜是什么水果。若答对，就在记录单相应水果的图片下打勾记录。
3. 两人交换游戏，最后比比谁猜对的多。

指导要点

1. 鼓励合作的幼儿能遵守游戏规则，不用语言提示，轮流游戏。
2. 当同伴答对后要请出题幼儿及时进行记录。
3. 后期，还可以增加多种模型，增加猜的难度，提高游戏的趣味性与持久性。

（一）环境解读

当幼儿成为环境的主人时，他们的发现与创意也将无限。"影子大头贴"就来源于幼儿的发现。在制作完"剪影小人""影子风铃"后，他们发现即时贴撕下的背纸通过装饰、拼贴又能成为一幅精彩的作品。在幼儿的巧手下，变废为宝的魔力也让环境与他们的距离更近了。

主题环境五

影子大头贴

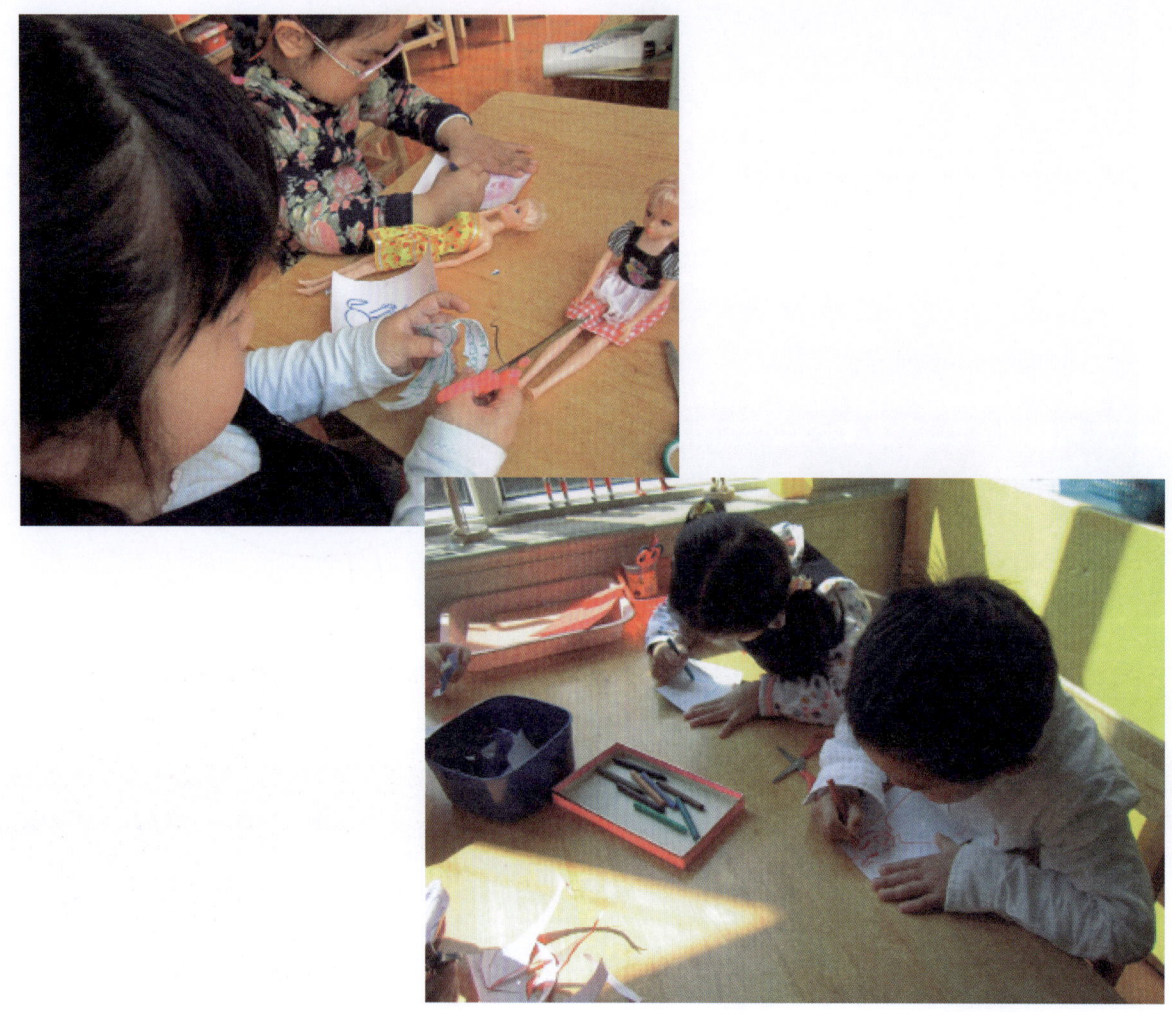

（二）相关活动

美工活动：影子大头贴

★活动目标

利用剪影小人即时贴背纸，进行拼贴组合，并尝试运用已有技法进行装饰。

★活动建议

1.活动前准备各色卡纸底板、收集起来的剪影小人即时贴白色背纸、双面胶、各种装饰材料等制作材料。

2.引导幼儿选择自己喜欢的图案即时贴背纸进行拼摆，用双面胶粘贴在卡纸底板上。提醒幼儿尽量靠中间贴，留出四周空白处，用于装饰花边。

3.鼓励幼儿尝试运用教师提供的各种装饰材料，大胆创意制作、装饰相框边缘。

（三）区角游戏

益智区：暗箱游戏（墙上的表情）

发展指向

1. 通过观察暗箱不同颜色的三面上不同排列的表情图案，寻找出操作单中相应表情的位置。
2. 培养细致的观察力以及对空间的感知。

材料呈现

小纸箱（在其中三面上挖出观察小洞）、各种表情图案、塑封操作单、记录笔。

玩法介绍

1. 分别从三个方位仔细观察暗箱里的三个颜色面，注意每个面上有不同的表情图案、不同的排列方式。
2. 观察记录单，根据记录单提示再次观察寻找暗箱中的表情图案，明确其在哪个位置，用笔在记录单上相应位置的方格中打勾。
3. 最后的绿色面，可挑选自己喜欢的一个表情图案观察记录。先将喜欢的表情图案插入小袋中，再用笔记录它的相应位置在哪里。

指导要点

1. 指导幼儿能根据不同的颜色面来观察暗箱中的内容。
2. 记录时，提醒幼儿可一项一项观察，记住相应位置，进行打勾记录。
3. 完成后，提醒幼儿要用抹布将答案擦去，整理好，便于其他同伴操作。

主题环境六
影子灯笼

（一）环境解读

在活动室整体环境的创设中，柜面与空间的巧妙利用也能起到画龙点睛的作用。磨砂材质的胶片以纸筒的形式呈现，或摆放或悬挂，将幼儿生动可爱的作品进行立体展示。当打开影子灯笼里的小手电时，明暗的光影仿佛让运动小人也动起来，让视觉效果随之变得更加丰富。

（二）相关活动

美工活动：影子灯笼

★ 活动目标

继续尝试运用绘画的方式，表现形态各异的运动小人的影子。

★ 活动建议

1. 活动前提供红蓝两色即时贴、画笔、剪刀、磨砂胶片、黑色卡纸、挂绳等制作材料。
2. 引导幼儿画出各种动态的运动小人影子，只需要画轮廓。
3. 剪下运动小人影子后，镂空剪出小人的眼睛和嘴巴。
4. 将即时贴运动小人贴到磨砂胶片上，撕下的即时贴背纸贴到黑色卡纸上。
5. 教师进行后期加工，将胶片与卡纸卷成纸筒，摆放在柜面或悬挂起来。磨砂胶片中放入小手电，打开后可创设明暗的光影效果。

（三）区角游戏

益智区：影子哆宝牌

发展指向

愿意与同伴合作游戏，训练较敏锐的观察力及反应力。

材料呈现

自制影子哆宝卡片，运用衍生原理，保证每套卡片中至少有两张以上有相同的图案。
黑色卡纸、彩纸、大小配对的压花器。

玩法介绍

1. 将哆宝牌叠放后正面朝上放在桌子中间。
2. 两人各取一张牌后，观察第三张哆宝牌，若发现有与自己拿到的牌上图案一样的，不管大小，以第一个报图案名称的一方获胜，那张哆宝牌就归赢的幼儿。
3. 以此类推，游戏最后，谁拿到的哆宝牌多，谁就获胜。

指导要点

1. 鼓励幼儿之间能友好地游戏，遵守游戏规则。
2. 引导幼儿能专注地观察，及时发现相同图案并报出名称。

（资源提供：无锡市实验幼儿园）